闇塗怪談
瞑レナイ恐怖

営業のK

竹書房
怪談
文庫

目次

※本書に登場する人物名は、様々な事情を考慮してすべて仮名にしてあります。また、作中に登場する体験者の記憶と体験当時の世相を鑑み、極力当時の様相を再現するよう心がけています。現代においては若干耳慣れない言葉・表記が登場する場合がありますが、これらは差別・侮蔑を意図する考えに基づくものではありません。

闇塗怪談 瞑レナイ恐怖

営業のK

目を閉じて

以前、知り合いの霊能者のＡさんから言われたことがある。


霊というのは霊感のある者ならばいつどこにいてもはっきりと視えます。

でも霊感のない人も自分では気付いていないだけで、実はうっすらと霊を視ています。

霊たちの中には視界の届く範囲のギリギリ外側にいて、こちらを窺っているモノがいます。

だから予測できない動きをこちら側がした時には、うっかりと我々の視界に入ってしまうんです。

そして、そういう霊って実は霊感のある者にも視えてなくて、こちらが想定外に視界を移動させたりした時にだけ視えるんです。

そして、厄介なのはそういう霊っていうのは普通に視えてる霊よりも危険なモノが多いんですよ……。

そう言われた俺は、それじゃ、視線を急に動かしたりしたら視えるチャンスが増えるってこと？　まあ、確かに心霊動画でも、カメラが不規則で予想外の動きをした時に偶然映り込むパターンが多い気がするけど……と、返した。

すると、Ａさんは、

私は心霊動画なんて観ませんからそんなことは知りませんけどね。

ただ、前から言ってますけど、霊なんかどこにでもいるんですよ。

でもね、実は視界から外すもっと簡単な方法があるんですよ。

それは瞼を閉じるということ。

誰でも瞬きくらいすると思いますけど、それをもっと長い間瞼を閉じるんです。

霊が、こいつ寝てるのかな？　と思ってしまうくらいに長く……。

その際、部屋の明かりを消して、カーテンも閉めて、真っ暗な状態にすれば完璧ですね。

そんな真っ暗な部屋の中で五分くらい目を閉じてじっとしている。

静かな部屋の中で霊の存在を頭の中で思い浮かべる。

そして、五分経った頃にゆっくりと目を開けてみてください。

面白いものが視えますから……。


と教えてくれた。

まあ、Aさん的には俺に耐性を付けようとしてのアドバイスだったのかもしれないし、酒の席での戯言だったのかもしれないが。

勿論、俺にはそんなことを試す勇気などあるはずもなかった。

しかし、ある時、一人の知人が俺に連絡を入れてきた。

一緒に飲まないか？　相談に乗ってほしいことがあるんだ、と。

そして、彼は酒の席で俺にこんなことを頼んできた。

「俺はさ、どうにかして霊の存在を証明したいんだ！　どこに行けば確実に霊に会えるのかな？　そして、どうすれば霊の存在を証明できるのかな？　それを教えてほしいんだ」

と。

「さあねぇ……難しいよね……」

そう返す俺に、彼はこんな愚痴をこぼした。

「まあ無理もないかもしれんな……。霊の存在を証明したいと思っている俺自身が実際には霊を視たことがないんだから。それじゃ確かに説得力もないよな……。でもな、それでも俺は霊の存在を証明しなきゃいけないんだ！」

どうやら彼は趣味の演劇で映像を撮る役目をしており、その際に霊の存在を巡って演劇仲間と意見が対立してしまったらしい。

酒の勢いもあったのかもしれない。

俺は以前Aさんから聞いた話を彼に詳しく話して聞かせた。

彼の助けになりたい気持ちと興味本位の気持ちが半々くらいだったと思う。

どうせ彼も俺と同じように実行はしないだろう、と。

しかし、彼はそれを実行に移してしまう。

それも自分流のアレンジを加えて……。

決行したのは翌日が休みである土曜日の夜だった。

しかも家族を温泉一泊旅行に行かせ、自分一人が家に残る形で行った。

家族まで危険に晒す訳にはいかないと、そう考えたらしい。

まあ、それは彼なりの優しさだったのだろうが、俺に言わせれば家の中に一人きりの状態でよくそんな度胸があったものだ、と感心してしまった。

彼は、家中のカーテンを全て閉めてその時を待った。

酒を飲んで気を紛らわせることもなくじっと……。

そして、午前二時が近づいてくると仏壇が置かれている和室に入った。

闇夜でも撮影できる高感度カメラも持っていたが敢えてそれは設置しなかった。

霊が嫌う要素は全て排除して、とりあえず自分の目だけで本物の霊というものを目視して、自信に繋げたかった。

そして、時計が午前二時を告げると同時に和室の畳の上に正座し、部屋の明かりを消した。

そして静かに目を閉じた。

特に時間は計らなかった。

五分でも十分でも、いや一時間でもそのままじっと待つつもりだった。

それで待ち焦がれた霊との対面が果たせるのならば少しも面倒には感じなかった。

真っ暗闇の中で目を閉じているとそれまで感じなかったことを感じ取れた。

人間は視覚を奪われるとそれを補うように聴覚が研ぎ澄まされてくること。

人間の心臓の鼓動というものはこれほどはっきりと聞こえるものだということ。

そして、家鳴りというものは静かな家の中では案外はっきりと聞こえてくるものなのだということ。


パキッ……ピキッ……パキッ……。


彼の家は建ててから十年以上経つ一戸建てだったが、そんなに時が経っても家鳴りというものはしてしまうものなのだと改めて気が付いた。

そして、今聞こえている音がラップ音だったら良いのに……と彼は本気で思っていた。

しかし、次の瞬間、彼は家鳴りとは明らかに違う種類の音をはっきりと聞いてしまう。


ペタッ……ズルッ……ペタッ……ズルッ……。

彼にはその音が誰かが階段を下りてくる音にしか聞こえなかった。

しかもそれは明らかに濡れた裸足の音であり、一度足音が聞こえてから次の足音が聞こえるまで、かなりの間隔が空いていた。

確かにその時家の中には彼一人しかいなかった。

わざわざ今夜真夜中に温泉から戻ってくるはずもなかった。

だとしたら今聞こえている足音は誰のものなのか？

彼は足音にじっと耳を傾ける。

怖いという感覚はなかった。

もしかしたら本当に霊と対面できる瞬間が来るのかもしれない……。

そう思うと期待で胸が高鳴った。

ただ彼は相変わらずしっかりと目を瞑ったままの状態で、その足音を聞いていた。

目を開けてしまったら足音も消えてしまうのではないか？

そんな不安があった。

しかし、足音は七段ほど階段を下りたところで聞こえなくなってしまう。

彼の家の階段は全部で十五段あった。

だとしたら、どうしてあの足音の主は最後まで階段を下りてこないのか?

そう感じた彼はそれまで閉じていた瞼を開こうとした。

刹那、彼はそれまで体験したことのない酷い耳鳴りに襲われてしまう。

何も聞こえるはずがない状態。

それなのに彼の耳には苦しそうな息遣いがはっきりと聞こえていた。

それはまるで、自分の耳のすぐ横から聞こえているようだった。

彼は途中まで開けていた瞼をすぐに閉じた。

それは視えないはずの真っ暗な暗闇の中、部屋の中に何かが立っているのがうっすらと視えたからだという。

しかも、それは一人ではなかった。

全部で五人の人の姿をした何かが部屋の中で棒のようにして立ち尽くしていた。

全員が彼のほうを向きながら……。

その時、彼は初めて自分の行為を後悔した。

部屋の中に立つそれらからは言葉では説明できないほどの威圧感と殺気を感じた。

本物の霊というものがこれほど怖いものだとは思ってもみなかった。

霊の姿をこの目で見てみたいと思っていたが、実際その場に身を置くと恐怖で目すら開けられない。

彼は自分の体がガタガタと震えて止まらなくなっているのを感じた。

それらは人の形こそしていたが、そこから伝わってくる雰囲気は全く別の禁忌の存在。

絶対に近づいてはいけないモノに感じられた。

もう彼にできることといえば、そのまま決して目を開けないでじっと耐えることだけだった。

時間の感覚も何も感じられなかった。

彼は恐怖の中でずっと正座し続け、瞼もグッと力を入れて閉じたままにしていた。

そうやっていると、どれだけ時間が経ったのかは分からなかったが何やら部屋の中がうっすらと明るくなっていくのを目を閉じた状態でも感じられるようになってきた。

もう少し……もう少しの辛抱だ……。

そう思いながら彼がじっと耐えていると部屋の中が一気に明るくなった。

朝が来たんだ！

そう思うと彼は一気に体から力が抜けていくのを感じた。

ただ、それでも目は閉じたままだった。

絶対に安全だという確信が持てるまで、彼は目を開けるつもりはなかった。

とても長い時間が経過していったように感じた。

そして、ある時、玄関の鍵を開ける音が聞こえドアが開く音と同時に
「ただいまー！」

という声が聞こえてきた。

それは間違いなく奥さんの声だったという。

彼は嬉々として、一気に目を開けてしまった。

まだ耳鳴りは続いていたというのに……。

そして、目を開けた彼が見たものは真っ暗な部屋と、自分の眼前で彼の顔を覗き込むように凝視している無数の顔だった。

それがどんな顔だったのかは覚えてはいないらしい。

彼はそれを見た瞬間、人生で初めての失神を経験した。

その後、温泉から帰宅してきた家族に発見されるまで、彼は和室の中で気を失っていた。

そして、家族が彼を発見した時、彼は意識がないままの状態で独り言のように、

「ここにいます……ここにいます……」

と繰り返していたそうだ。

クローゼットの利用法

これは関東に住む読者の方から寄せられた話になる。

その日、大澤さんは仕事で川崎の川沿い、多摩方面へ出向いた。

ドローンを使用して、依頼された家屋の屋根や外装などを調べるのが彼の仕事である。

基本的に彼が行う調査は家の敷地内に入ることはあっても、家屋の中に入ることは稀だという。唯一の例外を除いては……。

その唯一の例外というのが、所謂、事故物件の調査なのだそうだ。

空き家になっている事故物件に対して、
・特殊清掃が確実に行われているか？
・破損した箇所はないか？
といったことを調べるのも彼の会社の業務であり、そのような場合には、必然的に事故物件である家屋の中に入って、目視による点検調査が必要になるのだ。

だが、会社内でも彼が霊感体質で、昔から色々と面倒ごとに巻き込まれていることは周知の事実であるらしく、上司からは常々、

「大澤君は事故物件の調査には行かないようにしてくれ」

と、釘を刺されていた。

ところが、その日彼が出向いたお客さんがどうやら日程を勘違いしていたらしく、現地に到着してすぐの朝九時から開始できるはずの調査が、十五時からに変更になってしまった。

つまり六時間もの空き時間ができてしまった訳である。

俺ならば、偶然そんな時間ができたとしたらラッキーと捉えてのんびりと過ごすに違いないが、彼はかなり真面目な性格なのだろう。

彼は空き時間を利用して、翌日行く予定だったアパートの調査へ行くことに決めた。

実は翌日に行かなければいけない物件は事故物件であり、彼としても内心避けたかった案件であった。だが、会社も現在人手不足であり、仕方なく彼にその仕事を回した経緯があった。

だから、彼としては嫌な仕事はさっさと片付けてしまおうという気持ちだったのかもしれない。

そこは東京と川崎の中間くらいに位置する、妙に人里から遠い場所にあるアパートだった。

現地に到着し、現場のアパートを外から眺めた時、彼は絶句した。

(うわ……ここヤバすぎだろ?)

直感でそう思ってしまったそうだ。

彼は持参したアパートの管理会社が作成した書類に改めて目を通した。

事故物件の詳細が書かれている書類だ。

事故物件の場合、瑕疵に値する具体情報がかなり書き込まれているのが普通らしいのだが、なぜかその書類には『首吊りで』とだけ明記されていた。

そのあっさりした内容を見て、これだけのヤバイ雰囲気なんだから、自殺もこれが初めてじゃないはず……と思い、備考欄の下のほうを見ると、案の定、同じ部屋で計三回の首吊り自殺が起きていたことが申し訳程度に小さく書かれていた。

彼は少し呆れてしまったが、こういうケースも多々あるらしく、とにかく一分一秒でも早く目の前のアパートの調査を終わらせてしまおうと、渡されていた合鍵を使って事故物件である部屋の中へと入った。

中は、特殊清掃が意外としっかり行われており、虫が湧いた所も念入りに掃除されていることが分かった。

室内の汚れた状態を覚悟していた彼は、その時点でホッと胸を撫で下ろしたが、まだやるべきことがあった。

それは事故物件の原因となった場所の特定だった。

殺人ならば殺された場所、自殺ならば自ら命を絶った場所を特定し、その部分が元通りに補修されているかを確認する必要があった。

今回は首を吊っての自殺であるから、どの場所で首を吊ったのかを特定し、柱や天井、床が破損していないかどうかを確認しなければならなかった。

彼は注意深くそれらしい場所を観察し、首を吊ったと思われる場所を探した。

しかし、どれだけ探しても首を吊れるような場所が存在しない。

天井も薄く、ロープを引っ掛ける柱すら見つからない。

風呂場を見ても、トイレを見ても、それらしい場所は存在しないばかりか、事故物件にありがちな嫌な空気感もなく、とても綺麗な状態だった。

更にドアノブも確認したが、とても人間の体重を支え切れるほどの頑丈さはないように見えた。

彼はさっさとその仕事を終わらせたくて焦っていた。

しかし、焦れば焦るほど首吊りをしたと思われる場所が見つからない。

そうしているうちに特殊清掃でも落ち切らなかった隅の、奥に入り込んだ腐臭が鼻に入り込んでくる。

彼はむせ返りながら必死で吐き気に耐えていた。

二人目の自殺が発生したのは前年の夏。

それなのにこれほどの腐臭を放ち続けるものなのか?

彼はそんなことを考えながら次第に頭がぼんやりとしてくるのが分かった。

そして、彼は奇妙な違和感を覚えた。

彼はその時何かに腰かけていた。

それも全く自覚のないままに……。

だが、尻に伝わってくる感触は椅子とは別のものだった。

俺は一体……どこに腰かけているんだ？

おかしい。さっきまで立っていたはずなのに……。

そう考えて自分の腰かけている場所をぼんやりと見た彼は、全身に鳥肌が立つのを感じた。

彼は自分でも気付かないうちにクローゼットを開けて、そこに座り込んでいた。

どうしてクローゼットなんかに？

そう考えた刹那。

耳元で、

「置いていけぇ……」

という声が聞こえてきた。

彼はその声が聞こえた瞬間、振り返ることもせずに這いずりながら、何とか部屋の外へ転がり出た。

そのまま足で玄関のドアを閉め、ガムテープで封をし、そのままそこから走って逃げた。

ドアを閉め封をしている間にも、部屋の中からは
「待てよ……置いていけよ……」

という甲高い男の声が漏れていて、それを聞いてしまった彼にはもう、その場所で仕事を続ける勇気は残されていなかった。

死にたくない。

四人目になりたくない。

それしかもう頭に浮かばなかった。

何とかその場所から無事に逃げ帰った彼は、それでも不安と好奇心からその物件について自分なりに調べてみた。

すると、過去三回の首吊り自殺は全て、クローゼットの中で行われたことを知った。

俺はあの時、自殺した三人と同じ場所に腰かけていたんだ……。

あのままあの場所に座っていたら……。

そう考えると今でも背筋が冷たくなるそうだ。

彼は最後にこう言っていた。


あのクローゼットはきっと管理会社が備え付けた家具なんでしょうね。

だから処分したくない気持ちも理解できるのですが……。

でも、あのクローゼットがあの部屋にある限り、首吊り自殺がなくなることはないんだと思います。

きっともう、あのクローゼットの中にはこの世の者じゃないモノが巣食っていますから。

そんな気がして仕方ないんです——と。

娘は

川端さんは同い年の夫と、二十代の一人娘の三人家族で福井市内の一戸建てに住んでいた。

娘さんの名前は絵里奈といった。

一人娘ということでずっと過保護に甘やかしてしまったせいか、娘さんはかなり我儘《わがまま》な性格に育ってしまった。

それでも彼女と娘さんの仲はとても良好で、いつも一緒の時間を過ごすのが当たり前のようになっていた。

ただ、娘さんが短大を卒業し就職してからは、その良好な母娘関係は突然大きく変わってしまった。

それまでは娘さんが外出から帰ると、母親の彼女がいるリビングに行き、そのまま寝るまでの時間を母娘で一緒に過ごすというのが普通だった。

しかし、娘さんが就職して半年ほど経った頃には、娘さんは帰宅するとそのまま二階にある自分の部屋へ直行し、そのまま部屋から一歩も出ないまま寝てしまうこともあった。

彼女としてはそれがとても心配だったのだが、周りの友人や夫からは、もしかしたら遅い反抗期なのかもしれないし、実際まだ慣れない仕事で疲れているんだろうから、そっとしとくのが一番だよと諭され、それもそうだと納得した。実際、いつまでも子供ではないのだし、彼女としてもできるだけ娘さんに干渉しないように努めた。

そのうち彼女も、これまでは娘との時間を優先するあまり、自分の時間というものが全く持てていなかったことに気付いた。

だから、彼女もこれを良いチャンスだと捉えて子離れし、少しずつ自分だけの時間を愉しむようになっていった。

それは漫画を読んだり読書をしたりといった程度のものではあったが、それでも彼女にとっては新鮮な楽しい時間だった。

ある金曜日の夜、いつものように娘さんは仕事から帰宅すると、そのまま自分の部屋へ入っていった。今日もそのまま部屋から出てこない。

その頃になると、晩御飯を食べない日も多かったし、食べたくなったら深夜に起きて勝手に何かを作って食べていたのを知っていたから、特に心配もしなかった。

そうして彼女が午後十一時頃に二階の寝室に入った時には、娘さんの部屋の明かりは既に消えていた。

きっと仕事で疲れて寝てしまったんだろうな……。

そう思って、彼女も床に就いた。

午前二時を少し回った頃。

彼女は一階から聞こえてきた物音でふと目を覚ました。

きっとお腹が空きすぎて目が覚めてしまった娘さんが、インスタントラーメンでも作って食べているのだろうと思い、彼女はまた眠りに就いた。

ところが、今度は寝室のドアをノックする音でまた目が覚めた。

コンコン……コンコン……コンコン……コンコン。

いつまでも鳴り止まないノックの音に、彼女は寝ぼけながら呼びかけた。

「絵里奈なの？　こんな夜中にどうかしたの？」

すると、ノックの音は止まり、ドアの向こうから
「ううん……何でもないの……。ただ、一緒にどうかなと思って……」

という声が返ってきた。

彼女は仕事でかなり疲れていたこともあり、

「えっ、何が？　まあ、明日聞くからね……おやすみ」

と声を掛けて、そのまま眠りに就いたそうだ。

翌朝、彼女が目覚め一階へ下りても娘さんの姿はなかった。

その日は土曜日で、娘さんの仕事も休みなのは知っていたので、そのまま起こさずに寝かせておくことにした。

しかし、昼になっても夕方になっても娘さんは起きてこなかった。

いつもならば、たとえ自分の部屋から出てこなかったとしても、トイレに起きてきたり部屋から何らかの音が聞こえてくるのが普通だった。

それなのに娘さんは一度もトイレにも起きてこないし、部屋から物音一つ聞こえない。

少し心配になった彼女は二階の娘さんの部屋の前に行き、部屋のドアをノックしてみた。

「絵里奈？　まだ寝てるの？　そんなに疲れてるの？」

と声を掛けた。

すると、ドアの向こうからは
「ううん……大丈夫……もう少しだから……」

という声が聞こえてきた。

しかしその時、彼女は全身に鳥肌が立つのを感じたという。

ドアの向こうから聞こえてきたのは、明らかに娘さんの声ではなかった。

もっと年齢の高い五十代、六十代の女性の声に聞こえたそうだ。

声の違和感を感じた瞬間、彼女は一階へ下りて夫を連れ、また二階へと戻って娘さんの部屋のドアを強引に開けたという。

部屋の中には、先ほど声が聞こえてきた高齢女性の姿はなかった。

その代わりに彼女が目にしたのは変わり果てた娘さんの姿だった。

窓の手摺りにタオルを掛け、それを自分の首に引っ掛けた状態で娘さんはピクリとも動かなかった。

すぐに救急車を呼んだが既に娘さんの呼吸が停止していることは、素人の彼女にもはっきりと分かった。

そして、警察による検死の結果、娘さんの死亡推定時刻は金曜日の午後八時頃だったことが分かった。

つまりは金曜日の夜、娘さんが帰宅して間もなくの自殺だったということだ。

しかし、娘さんが自殺した時刻以降にも、彼女は娘さんによるものだと思われる物音や声で二度も目を覚ましていた。

それでは、あの物音や声は一体……？

彼女は一人娘の自殺でかなり焦燥した状態だが、それと同時に不可解な恐怖を感じている。

一階から聞こえた物音は本当に娘さんのものだったのか？

いや、それよりも二回目にノックの音で目を覚ました時、聞こえてきた声は一体誰の声だったのか？

そして、夜中にドアをノックされた時に娘さんから言われたあの言葉。

「一緒にどうかな？」

というのは、一体どんな意味だったのか。

その問いかけに対して「うん」と答えていたとしたら、今頃どうなっていたのか……。

それを考えた時、彼女は一つの結論に辿り着いてしまったのだという。

娘は自殺ではなく、何か得体の知れないモノに殺されたのではないのか？

娘さんがこの世を去ってからもう一年以上経つが、彼女の悲しみが癒えることはない。

そして娘さんが死んだ後、彼女が住む家では説明が付かない怪異が頻発するようになっているということである。

近づいてくる

田辺さんは奥さんと娘さんの三人で、金沢市郊外で暮らしている。

元々は市街地の賑やかな場所のマンションに住んでいたのだが、娘さんが就職して車を運転するようになると駐車場が足りなくなり、思い切って郊外の中古住宅へ移り住んだ。

中古といってもきちんとリフォームされた、かなり大きな家屋だったらしく、それまでのマンション生活とは違い、周りを気にせずのびのび暮らせるようになった。

ただ一つ気に入らなかったのは、玄関から続く長い廊下だった。

玄関を開けると右に九十度曲がる形で長い廊下が続いており、玄関からリビングまでは何もなかった。

浴室もトイレも洗面所も、納戸もないのだ。

壁と天井だけに囲まれた長い廊下が延々と続いている。

確かに大きすぎる家屋ではあったが、どうしてそんな無駄な造りにする必要があったのか、彼にはさっぱり理解できなかった。

そして彼がその長い廊下を嫌う理由がもう一つあった。

それは社会人になり、夜遊びを覚えた娘さんが真夜中に帰ってきた際、何度か玄関の鍵を掛け忘れてしまい、朝になってからそれに気付くということが続いたのが発端である。

あまりに不用心であるため、一家の主たる彼は寝る前にトイレに行くついでに、必ず長い廊下を歩いていって玄関の鍵が閉まっているかを確認するようになっていた。

明かりのない長い廊下を、リビングから漏れる明かりだけを頼りに玄関へと歩いていると、いつもよからぬ考えが浮かんできた。

「玄関まで行ってそこに誰かが立っていたらどうしようか……」

いつもそんなことばかり考えて恐怖していた。

大の大人が一体何を怖がっているのかと思うかもしれないが、どうやらその長い廊下は薄暗いこともあり、玄関へと近づいていくにしたがって寒く感じられ、異世界へと続いているような独特の違和感があるのだという。

昼間にはそんな感覚はなく、感じるのは夜だけ。

だから彼としても、夜の暗さのせいで自分の中の怖がりな部分が顔を出しているだけなのだと、自分に言い聞かせるようにしていた。

確かに恐る恐る玄関に近づいていき、左九十度の位置にある玄関を確認しても、何かがそこに立っていたことは一度もなかった。

しかし、ある夜彼がいつものように玄関の鍵を確認し、再び長い廊下を戻ろうとして振り返った瞬間、彼の耳には微かにクスッという笑い声が聞こえた。

気のせいだと思った彼だったが、それからも何度かその笑い声は聞こえてきた。

ただ、玄関を目視した時には、そこに何かがいる訳ではなかった。

笑い声が聞こえるのはいつも彼がリビングに戻ろうと背を向けた時。

しかし彼はその笑い声を聞いても恐怖心が邪魔をして、どうしても背後を振り返ることができなかった。

しかしある夜、彼は決心した。

今夜こそは、声が聞こえた時に振り返ってみようと。

そうすれば二度とそんな笑い声など聞こえなくなるはずだと思った。

幽霊の正体見たり、枯れ尾花。

それと同じことだ、と……。

その夜は土曜日で、翌日が休みだった彼はかなり夜更かししてしまい、玄関の鍵を確認しに行く時刻は午前二時近くになってしまっていた。

そして、その夜も玄関を確認したが鍵はしっかり閉められており、勿論そこに誰かが立っているということもなかった。

ただ彼が廊下を戻ろうとした時、いつものように微かに笑い声が聞こえてきた。

大人の女性の笑い声だと思った。

その瞬間、彼はそれまでの臆病な自分と決別するように、勢いよく背後を振り返って玄関のほうを見た。

「ヒッ！」

思わず小さな悲鳴が漏れた。

玄関には見知らぬ女が立っていた。

細く背の高い女は明らかに彼の身長よりも十センチ以上高く、そんな女がパンプスを履いた足でコートを着たままそこに立っていた。

その顔は何がそんなに嬉しいのかと思えるほど、ギラギラとした目を大きく見開いて笑っていた。

悲鳴どころか声さえ出せないことに気付いた彼は、そのままその場で腰を抜かしてしまい、両手と両足をジタバタさせながら後ずさりするしかなかった。

彼は声にならぬ声を、心の中で叫び続けた。

（来るな……こっちに来るなよ！）

しかし次の瞬間、その女はすうーっと少しだけ浮き上がった状態で玄関から廊下へと上がり、そのまま滑るようにして彼のほうへと近づいてきた。

その動きはあまりにも気持ちの悪いものであり、彼は一気に全身が粟立つのを感じた。

そのままスーッと女が近づいてきて、彼とぶつかる。

刹那、ようやく彼は大きな悲鳴を上げてその場で意識を失ったという。

そんなことがあってから彼はもう玄関の鍵を確認するのは止めた。

玄関に近づかなければ大丈夫。

こんなことで買ったばかりの住宅を手放す訳にはいかない。

彼はそう思い、その夜彼が見た女のことも、自分が意識を失ったことも、家族には一切話さずやり過ごした。

全ては時間が解決してくれることに賭けたのだ。


しかし、どうやらそれほど簡単な怪異ではなかったようだ。

それから彼は、真夜中に階段を上ってくる足音で目が覚めるようになってしまった。

勿論、恐怖で固まってしまい、とても確認する勇気はなかったそうだが、その足音はやがて階段を上り切ると、暫くして彼の寝ている部屋のドアをノックする音へと変わった。

そしてドアが開き、静かにカチャッと閉まる音が聞こえ、やがて彼の部屋の中を歩き回る足音へと変わった。

それからは布団に包まり、震えている彼をじっと見つめるような視線をずっと感じながら、ひたすら朝が来るのを待つのだそうだ。

そこまで聞いた俺が
「それってヤバくないですか？　その家に憑いているのか、それともあなた自身に憑いてしまったのか分かりませんが……」

と言うと、彼は怯えた顔でこう返してきた。

「間違いなく家ではなく、私に憑いているんだと思います。今、その女は毎晩私の布団の中にいますから……」

怖くて確認できないが、間違いないという。

こういうのって引っ越しすれば何とかなるものですかね？

そう尋ねられた俺は、首を横に振るしかなかった。

枕

枕が変わると寝られない——。

我が家では、旅先でよく使われる言葉である。

確かにその日一日働き続けた脳を休ませるのに、枕の存在は大きく関係しているのかもしれない。

西川さんがその枕を使い始めたのは二年前。

結婚したばかりの彼女たち夫婦に、母親が贈ってくれたものだった。

彼女とは不仲で、彼女の夫のことも毛嫌いしている母親が、どうして枕をプレゼントしてくれたのか？

もしかして結婚を機に、仲直りしたいと思っているのだろうか？

やはり孫ができた時に会いに来たいということなのか？

色々と考えてはみたが、母親の様子はそれまでと変わらず冷たいもので、その時の彼女にはよく分からなかった。

何しろその枕は見るからに高そうで、普通の市販品ではなく、オーダーメイドで作られた逸品にしか見えなかった。

使い始めた頃は、本当に寝心地が良く、すぐに眠りに落ちることができた。

その分、朝、目覚まし時計の音に気付かずに寝過ごしてしまうことすらあったが、枕一つでこんなにも寝心地が違うものかと驚きつつ、母親に感謝する毎日だった。

体調の異変に気付いたのは、その枕を使い始めて半年ほど経った頃だった。

確かにその枕は寝付きもよく、一度寝ると朝まで起きることはなかった。

しかし、それほどぐっすりと寝ているにも拘らず、体の疲れが全く取れないのである。

否、体の疲れが取れないというよりも、朝起きると寝る前よりも明らかに疲れが増しており、更に体の節々に痛みすら感じてしまう。

だから彼ら夫婦は一度その枕を使うのを止めて、それまで使っていた普通の枕を使うことにした。

しかし、そんな状況を見て知っているかのように、その日、母親から電話が掛かってきた。

「あの枕、ちゃんと使ってくれてる？　高級な枕なんだからね……」

と、釘を刺されてしまう。

それで彼ら夫婦は母親に後ろめたいものを感じてしまい、そのままその枕を使い続けることにした。

しかし、やはりその枕を使っていると体の疲れは酷くなる一方だった。


そんなある夜。

彼女の夫が、住んでいるマンションのベランダから飛び降りた。

彼女たち夫婦が住んでいたのはマンションの八階。

当然、助かるはずもなく即死だった。

悲しみに暮れる彼女は枕のことなど完全に忘れ、泣き暮らす日々だった。

夫には自殺する前兆もなかったし、悩みを抱えている様子もなかった。

自殺する理由も見つからず、何より遺書すら残されてはいなかった。

そんな折、また母親から電話が掛かってきた。

「もしもし？　これでもうあんたもひとり身になっちゃったんだし、こっちに戻ってくればいいじゃない」と。

あまりに無神経な言い草にイラついた彼女は、その誘いを強く拒絶し、反発した。

「亡くなったばかりで、そんなことできるはずがないじゃないの！　頭がおかしいんじゃないの？」

泣きながら電話でそう母親を罵った。

だが、当の母親は、彼女の言葉に反応することもなく、ただ無機質な声で、

「それならば、それでもいい。ただ、あの枕だけはしっかり使い続けてね。高級な枕なんだから……」。

そう言って電話を切った。

それから数日後のことだった。

彼女は、真夜中にマンションのベランダの手摺りから身を乗り出している状態で目が覚めた。

誰かに揺り起こされた気がして、覚醒したという。

（あともう少しで、自分も夫と同じように、ここから飛び降りて死んでいた……）

その事実に彼女は愕然となった。

と同時に、気が付いた。

——もしかして、自殺した夫も今の自分と同じだったのではないだろうか。

夢遊病者のように眠ったまま、自分の意思とは関係なく、このベランダから飛び降りたのではないか……ということだった。

とにかく何かがおかしかった。

彼女は夫の自殺に心を痛めてはいたが、後追い自殺など考えたこともなかった。

当然、夢遊病の気もなく、これまで生きてきて、眠ったまま無意識に動き回ったことなど一度もなかったのだから。

そう考えた時、彼女の頭の中には母親から贈られた枕しか浮かんではこなかった。

彼女はすぐに寝室に戻ると、夫が愛用していた枕をカッターナイフで切り裂いた。

そうして、枕の中に入っていたものを全て床にぶちまけた。

刹那、彼女はショックと恐怖でその場に凍り付いた。

「何、これ……」

枕の中からは普通のクッション材に混じって、明らかに異質なものが入れられていた。

手に取ってよく見てみると、それは人間と同じように五本の指がある、小さな手のミイラだった。

彼女は驚いてそれを床に放り出したが、すぐに気持ちを落ち着かせ、今度は自分の枕もカッターナイフで切り裂いてみた。

すると、彼女が使っていた枕の中からも、同じような五本指の小さな手のミイラが出てきたという。

そのまま部屋にいることができなかった彼女は、すぐに着替えて近くのファミレスで時間を潰し、朝になってからようやく部屋に戻ってきたという。

そしてすぐに、実家の母親に電話を掛けた。

あの枕は、一体何なのか――？

それを問いただすために。

しかし、実家に電話を掛けると、出たのは慌てふためいた声の父親だった。

「今朝な、母さんが眠ったまま死んでいたんだ」

絞り出すような声で告げられた事実に驚くも、彼女は何かすとんと胸に落ちるものを感じていた。

死んでしまった母親からは、もう何も聞くことはできなくなったが、何のために母親があの枕を自分たち夫婦に贈ってきたのかは、何となく理解できたそうだ。

そう、全ては仕組まれていた。

母は、最初から最後まで娘である彼女とその夫を憎んでいた。

あの枕は、自分たちを殺すための呪いだったのだろう……と。

それを悟った彼女は、父親や親戚からどれだけ諭されても、母親の葬儀に参列することはなかったという。

縁は結ばれた

縁というものは本当に不思議なものだ。

いつどんな形で縁が結ばれるのかも分からない。

しかし縁というものは決して良いものばかりではない。

自分でも気付かない、些細な行動から最悪な縁が結ばれてしまうことも実際にあり得るのだ。

そう、これから書くのはそんな「縁」に関する話になる。


水澤さんは新潟県に住む三十代半ばの女性。

以前はOLをしながら、休みの日にはボランティアとして地域活動に貢献していた。

その日は日曜日の朝から、海岸清掃のボランティアに出かけていた。

総勢百人を超える人数で、ゴミが流れ着いた海岸を綺麗な浜辺に戻そうと意気込んでいた。

朝六時頃から清掃を開始し、昼過ぎには清掃を終え、海岸でバーベキューをして帰る。

そんな予定になっていた。

このボランティアは毎年恒例行事になっているようで、彼女もゴミ拾いに汗を流してからバーベキューでお腹を満たすのを愉しみにしていた。

しかし、その年の海岸清掃はいつもとは違っていた。

読めない文字が書かれた大きなゴミや、ペットボトルなどか流れ着いているのは例年通りだったが、彼女はそのゴミ拾いの最中に意外な物を見つけてしまう。

それは高級そうな茶色のカバンだった。

ゴミとしてカバンが捨てられていることは珍しくもない。

だが、そのカバンは明らかに現役感のある男性用で、中には眼鏡や名刺、財布や腕時計までが入っていた。

悪いとは思ったが財布の中身や名刺も確認した。

すると、中には免許証や健康保険証までが入ったままになっていた。

免許証に書かれている住所から、どうやらそのカバンは同じ新潟県内に住む男性の持ち物だということが分かった。

一緒にゴミ拾いをしていたボランティア仲間は、そのカバンを警察に拾得物として届けるように、とアドバイスしてきた。

しかし、彼女は以前にも何度か財布やカバンを拾ったことがあり、その時は速やかに交番に届けたらしいのだが、その際、警察官からまるで彼女がその財布やカバンを盗んだのではないかというような疑いの目を向けられた。

だから彼女は二度とそんな経験をするのは御免だったのだという。

おまけにその男性の住所は、同じ新潟県内でさほど遠隔地ではなかった。

きっとこのカバンを落とした男性は困っているに違いない。

そう思った彼女は、海岸清掃の作業が終わるとバーベキューには参加せず、そのまま自分の車で男性の住所を訪れることにした。

最近のナビというのは本当に便利で、住所を入力するだけですぐにその男性の家を探し出すことができた。

三十分ほど車を走らせると、ナビが示した家に到着した。

喜んでくれる顔を想像しながら彼女は玄関のチャイムを鳴らした。

しかし、チャイムの音に反応して出てきた老婦人は、カバンを抱えたまま立っている彼女に対して予想外の言葉を投げつけた。

「あなた、何てことをしてくれるの！　やっとの思いで捨ててきたっていうのに！」

想定外の言葉を聞かされた彼女は、呆気に取られて暫し固まってしまった。

ただその老婦人の顔は恐怖と怒りが混在し、引き攣《つ》っているようにさえ見えた。

彼女は我に返ると、すぐにこう返した。

「どんな理由があるのかは分かりませんけれど、捨てればゴミになってしまいます。あんな綺麗な海岸に捨てて良いものなんかありませんよ！　それにあんなに高そうなカバンで中には色々と大切な物も入ってるんじゃないんですか？」

するとその老婦人の顔はみるみる真っ青になっていき、小刻みに震えだした。

「あなた、このカバンをどこで拾ったの？　まさか海岸に落ちていたんじゃないでしょうね？」

そう言うと、その場に力なく崩れ落ちた。

そして、その老婦人はこんなことを話しだした。

あのカバンは息子が恋人からプレゼントされた物だったの……。

でもね、理由は分からないんだけどその恋人は、その翌日に亡くなってしまった。

駅のホームから電車に飛び込んで……。

駅を通過する特急列車だったから、全身が細切れになって、顔も何も判別が付かなかったみたいね。

……それからなのよ。

息子の身に不幸、いえ怪異が連続するようになったのは。

「いつも死んだ恋人に見られている……あいつが俺を連れていこうとするんだ……」って。

毎日そんなことばかり口にするようになって、次第に精神も病んでいったわ。

結局息子は、恋人が死んで半年経った頃に死にました。

恋人が自殺した駅のホームから同じ電車に飛び込んでね。

息子とその恋人に何があったのかは知らないわ。

そもそも私はその恋人に会ったこともなければ顔すら見たことがなかったんだから。

でも、息子が言っていたことはまんざら妄想でもなかったのよ。

息子が死んでから私まで頻繁に怪異に遭遇するようになってしまって……。

本当にあるのよ、そういうのって。

だから、私も色々と調べたの。

そうしたら原因はプレゼントされたカバンじゃないかって。

それでね、私もそのカバンを何度も処分しようとしたの。

でも、何度捨てても戻ってくるの。

燃やしても駄目。

引き裂いても駄目。

すぐに元通りの姿で私の前に戻ってくる。

高名なお坊さんに頼み込んで、ようやくそのカバンを地中深く埋めて封印することに成功したの。

かなりの高額な報酬を払ってね。

それからようやく怪異も収まって、以前のように平穏に暮らせるようになっていたのに。

何で地中深く埋めたはずのカバンが海岸に落ちてるの？

どうしてあんたはそんなカバンをわざわざ拾って届けになんか来るの？

もう私には逃げ場なんてないってことじゃないの！

老婦人はそう言ってがっくりと項垂《うなだ》れたまま涙を流し続けていたという。

彼女は老婦人に何の言葉を掛けられないままその家を後にしようとした。

しかし帰り際、老婦人からこんな言葉を掛けられた。

「あんたも気を付けなさい。このカバンの呪いは見境がないから。このカバンを拾ってしまったことで、この家に来てしまったことで……あなたはもうこのカバン、いいえ、あの女と縁が繋がってしまったのよ！」

幽霊も呪いも信じない彼女は、その言葉に呆れてしまい大きな溜め息をついた。

「はい……気を付けますね」

ただ適当な返事をしてその家を後にした。

親切が徒労に終わった虚しさと屈辱でいっぱいだった。

全くばかばかしい話だ。

呪い？

そんなものがこの世に存在するはずがないじゃない……。

そう、思っていた。


しかし、それから数日後。

老婦人の警告通りの怪異が起こり始めた。

何をやってもうまくいかなくなり、事故や事件に巻き込まれることが多くなった。

友人や家族、親戚にまで不幸が連鎖していった。

兄が亡くなり、妹も亡くなった
事情を聞いた父親が何とかしなくては東方西走している最中、事故で他界してしまった。

何人かの霊能者が彼女を助けようと懸命に動いてくれたそうなのだが、結果として被害者が増えるだけの結果になった。

そんな彼女は原因不明の病に掛かり、右目と右腕、そして両足の機能を失い、現在入院中である。

いつまで生き続けられるのかも不明なのだそうだ。

もう彼女はきっと自分が助からないと悟っている。

夢の中に知らない女が出てきては、おぞましい顔で彼女にあることを告げるのだそうだ。

しかし、その女が何を言っているのかは絶対に話せないという。

「Kさんがその言葉を聞いてしまえば、間接的とはいえその女との縁を結んでしまうことになりますから」

そう言って頑なに口を噤《つぐ》む。

落ちていたカバンを拾い、それを持ち主に届けようとしただけ。

それだけでこんなに凄惨な結末に行き着いてしまうだろうかと思うと納得がいかないし、自分自身の無力感に打ちのめされている。

「縁」というのは恐ろしいものだ。

そしてそれは、簡単に結ばれてしまうからこそ恐ろしいのだ。

集合写真

これは津雲さんというブログの女性読者さんから寄せられた話になる。
ある時、ツイッターのＤＭでこんなメッセージが届いた。

【心霊写真が撮れてしまいました。どう処理すれば良いのでしょうか？】

実際、ツイッターをやっているとこんな相談も多いのだが、俺自身、過去には何枚もの心霊写真と呼ばれるものにお目にかかってきているし、何よりその恐ろしさも身を以て知っている。
その反面、心霊写真と呼ばれるものの殆どは、撮影ミスか偶然の産物でしかないこともよく理解しているつもりだ。

だから、まずは写真の内容を聞いてみた。

【実際にどんな不可思議な部分があるんでしょうか？　オーブが映り込んだとか手足の一部が欠けているとか、もしくは誰かの顔が写り込んでいるとか？】

すると彼女は素早すぎる返信で、

【いいえ、顔も含めた全身が写り込んでいます】

と返してきた。

少し興味が湧いた俺は、

【もし良かったらその写真を拝見できますか？】

そう返すと、すかさず彼女からその写真が送られてきた。

俺は、スマホの画面にその写真を表示させて、まじまじと観察した。

公園のような場所で撮影した写真には、若い女性ばかりが前列に五人。後列に四人。全部で九人が写っており、前列の五人は後ろの人の顔が写るように腰を落として座るような体勢になっていた。

どうやら前列の真ん中に座っているのが彼女だということだった。

しかし、俺にはどこに霊的なモノが写り込んでいるのか、全く分からなかった。

九人全員がニコニコと笑っており、細かく見ていっても不自然なものなど何一つ見つけられなかったからだ。

【あの……これのどこが心霊写真なんでしょうか？　普通の集合写真にしか見えませんが？】

そう書き込むと彼女はすぐにまた返信してきた。

【私以外の全てなんです。これは私が旅行先の公園で他の旅行者さんに頼んで撮影してもらった写真なんですけど、その時、私は一人旅で……。綺麗な噴水があるのを見つけて急に撮影したくなったんです。それで近くにいた知らない旅行者の男性にお願いして撮影してもらいました。でも、写したかった噴水は全く写っていなかったんです。その代わりにたくさんの霊が……】

それを読んだ俺は、すぐに電話番号を教えて直接電話で話すことにした。

ＤＭでのやり取りでは埒が明かない……。

そう感じたからだ。

すぐに、俺のスマホに彼女から電話が掛かってきた。

電話の彼女は意外なほど明るい声だった。

簡単に挨拶を交わした後、先ほどの続きを説明してもらう。

「つまり、その写真に写っている私以外は霊が写り込んでいるんです。つまり前列の真ん中に座っている私以外は全て幽霊ということです。怖いですよね……こんな写真が撮れるなんて。私、幽霊に囲まれる形で写真に写ってしまったんです」

それを聞いて、あれ？　と思った。彼女の口ぶりからは怖がっているというよりも、むしろ楽しくてたまらないといった感じが伝わってきて、少し違和感を覚えたのだ。

そして、彼女はこう続けた。

「この写真はスマホで撮影したものなんですけど、どうやっても消せないんです。だからどう対処すれば良いのか、分からなくて……」

しかし、彼女の言葉からはやはり困っているといった雰囲気は微塵も感じられなかった。

不思議に思いながらも妙案が浮かばなかった俺はひとまず電話を切った。

そして困った時のあの人、霊能者のAさんに相談してからその心霊写真への対処法を彼女に教えることにした。

その前に俺は、自分なりにスマホに送ってもらった写真が消せないものか、と試行錯誤を繰り返した。

しかし、どんな方法を使っても彼女の言う通り、その写真を消去することはできなかった。

俺はAさんに連絡し、半ば強引に承諾させると、その心霊写真をパソコンのメールアドレスへ送信した。


五分後、Aさんから連絡が入った。

「Kさん、この心霊写真のどこがそんなに問題なんですか？　ごく普通の心霊写真だと思うんですけど？」

相変わらずの上から目線だが、勿論俺は慣れている。

言い方はきつくても、結局いつも助けてくれることを知っているからだ。

「この写真さ、消去しようとしても消せないんだよ。大体ヤバすぎるでしょ…九人写っていてその中に人間が一人だけなんて。あり得ないよ」

するとAさんがこう言った。

「何か話している内容が理解不能なんですけど……。この写真に写っている九人のうち、八人が写り込んだ霊だって言いたいんですか？　それは間違いですよ！　ここに写っているの八人の人間と一体の霊です。ほら、前列の真ん中に写っているのが所謂、霊ですから」

そう言われて俺は頭の中がパニックになった。

理解しようとしても完全に頭がフリーズしてしまっていた。

Ａさんは続けた。

「ほら、前列の真ん中の女だけ影がないのが分かりますか？　足もうっすら消えかかってます。どう見ても前列の真ん中の女だけが生気のない顔でこちらを見てますし、何より他の人と比べて距離感がおかしくなるほど大きな顔をしています。それに、この女の霊、かなり危険ですよ。何を企んでるのか分かりませんが、物凄く邪悪なものを感じます。Ｋさんも絶対にこれ以上関わっちゃ駄目ですよ！」

俺は慌てて写真を見返した。

すると、先ほど見た時とは写真が明らかに違っており、Ａさんの言う通り、前列の真ん中には明らかに異質な女が写り込んでいた。

そして、電話の着信履歴を見てもどこにも先ほどの通話記録が残っていなかった。

俺は霊とＤＭのやり取りをし、電話で話したということなのか？

でも……何で？

背中に悪寒が走る。

だから、俺はこう返すしかなかった。

「あの……もう関わっちゃったみたいなんだけど……。ＳＮＳでもやり取りしたし、電話でも話しちゃったし……どうしたらいい？」

それから俺はＡさんからかなりキツイ罵詈雑言を浴びせられた後、何とか彼女の力でその写真を消去してもらった。

しかし、今までツイッターをしてきてこんな経験は初めてのことだった。

俺には身近にＡさんという存在がおり、何とか対処することができたが、一般的にはこんな経験はされるほうはあまりいないのだろうか？

Ａさんですら処理するのにかなりの手間と時間が掛かっていたから、危険な霊だったのだろう。

そんなモノがＳＮＳの世界にはまだまだ存在しているのだ。

神様が住む家

これは以前、飲み屋で知り合った茂木さんという男性から聞かせていただいた話になる。

茂木さんは関西の地方都市出身で、子供の頃は明るく腕白な性格で、友達も多かったという。

その中に、ちょっと変わったことを言うSという友達がいたそうだ。

Sは保育園からの友達であり、所謂幼馴染みと呼べる間柄なのだが、Sの家に遊びに行きたいというと、いつもこう言って断ってくるのだそうだ。

「うちの家には神様が住んでるから駄目なんだ」

曰く、神様は家の人間以外とは会えない。

他の人間を入れると、神様が怒って家から出ていってしまうのだと。

それならお前は神様に会ったことがあるのかと聞くと、

「いや、僕はまだ子供だから駄目なんだ。でも、祖母ちゃんや祖父ちゃんは何度か会ってるみたいだよ」

と、返してきた。

しかし、茂木さん始め他の子供らは、そんな言い訳を信じてはいなかった。子供心にも明らかに嘘としか思えなかったという。

それというのも、Sの家は神社の神主でもなければ、神様を奉っているような大きな家でもなかったからである。

だから、本当は両親が友達を家に入れるなとでも言っているのだろうと解釈し、それ以上追及することはしなかった。


そんなSとは社会人になった今でも幼馴染みとしてそれなりに交友がある。

お互いの家が近かったというのがその最たる理由らしいのだが、他の友達は親の転勤やなにがしかの事情で引っ越してしまい、今現在も同じ土地に住み続けていたのはSと彼の二人だけになっていた。

そんなこともあり、中学生になり、高校生になり、大学生になっても関係は途切れず、年に数回は会って一緒に遊んでいた。

その間、Sは数えきれないほど彼の自宅へ遊びに来ていたが、相変わらずSの家に彼を招くことは一度もなかった。

彼も、一度くらいいいじゃないか！と強く言ったこともあったが、それは別に神様が住んでいると言い張るSの嘘を暴こうとした訳ではなかった。

単純に、いつも彼の家ばかりで遊ぶことになるので、たまには他の家で遊んでみたかったというだけである。

しかし、そのたびにSは同じ理由を付けて断ってきた。

「うちの家には神様が住んでるから駄目なんだ」

「家の人間以外とは会えないから」

「そうしないと神様が怒って家から出ていってしまうから」と。

大人になっても変わらないその理由を聞いていると彼もシラケてしまい、それ以上何か言う気が失せてしまう。

勿論、Sの言葉を信じていた訳ではない。

ただ今思い出してみても、彼の家はとても変わった造りをしていたという。

家の周りを高い塀が囲っており、建物自体も間口が狭く、縦に長い構造をしていた。

そして不思議なことに、家屋の周りには雑草一本生えているのを見たことがなかった。

家そのものは平屋で、それほど広くもなかったし、豪華な造りという訳でもなかった。

だが、不思議とSの家に近づくだけで、いつも奇妙な寒気を感じていたという。


そして彼が二十五歳の時、突然Sから電話が掛かってきた。

電話の内容はこんな感じだった。


おう、茂木か？

実はさ、今度俺んち建て直すことになったから、今の家を完全に取り壊すんだ。

お前、俺の家に興味津々だっただろ？

それに家の中に神様が住んでいるっていう話も半信半疑だっただろ？

まあ、その件に関しちゃ俺もまだ神様には会ったことがないからよ、お前と同じかもしれない。

だからさ、家の取り壊しを見に来ないか？

確かにSの家には彼自身とても興味があった。

家を取り壊すということなら、あの不思議な家の構造も全容が分かるだろうし、これまで抱いていた疑問も払拭されるのではなかろうか。

そう思った彼は、Sの申し出を即座に快諾し、取り壊し当日に現地で立ち会わせてもらうことにした。

当日、Sの家に行くと、そこにいたのはSと工事関係者だけだった。

家の大きさに対して広すぎるほどの敷地に、大型の重機が何台も並んでいた。

「凄いな……ビルの解体でもするのかよ？」

そういう彼に、Sは
「言ってなかったけど、うちの家、地下部分があるんだよ。だから大型の重機がないと全て取り壊して更地にできないんだ」

「つまり地下部分もしっかり掘り起こすってことか？」

「ああ、両親は反対したけどな。神様が怒ってしまうって言ってさ。まあ、でもそんなこと言ったって、俺もその神様には一度も会ったことがないし。怒った神様の顔でも拝めるなら、それも面白いと思ったんだ」

結局、取り壊しに立ち会うのはSと彼と業者だけ。

彼の両親は、怖がって避難してしまったらしい。

「できるだけ遠くに避難するって。馬鹿みたいな話だよなぁ？」

Sは鼻で笑ってそう言った。


いよいよ取り壊し工事が始まると、彼はSと二人、少し離れた場所でその様子を観察することにした。

しかし、工事は何度か予想外の状況に出くわし、そのたびに停止した。

まず、家の敷地を覆っていた塀が、予想外に地中深くまで埋められていることが判明した。

地上に出ていた分の塀の高さは二メートルもなかったのに対し、地面の中にはその二倍以上の高さの塀が埋まっていた。

更に、地面の上に見えている塀だけではなく地面ギリギリの高さに埋められている別の塀が二つも見つかった。

つまりその家は地中深く三重もの塀に囲まれていたことになる。

そして肝心の家なのだが、確かに間口は狭く、奥に長い造りであることは何となく想像できていたが、何と床にはコンクリートや石が敷き詰められ、五層構造になっていた。

一階の生活部分こそ普通の家に見えたが、その地下部分にはその場にいた誰もが息を呑んだ。

地下部分は細長い通路のようになっており、その壁はコンクリートと鉄で頑丈に補強され、通路の入り口は三枚もの分厚い扉で塞がれていた。

おまけにその扉には大きな白い紙が貼られており、工事関係者が確認のために持ってきたが、どう見ても護符にしか見えなかった。

更に、一番奥の鉄扉の先には小さな古井戸のようなものがあり、その開口部にも頑丈な鉄の蓋がはめられ、鉄の鎖で何重にも縛られていた。

結局、Sの指示で工事業者はその全てを大型重機で破壊し撤去してしまった。

その一部始終を眺めていた彼は、内心、得体の知れぬ悪寒と薄気味悪さに震えが止まらなかったという。

それから、どうなったか——。

建て替えられるはずだったその土地には、何年経ってもその友達の家が建つことはなかった。

それどころか、その取り壊し工事に立ち会って以来、Sの行方が分からなくなっている。

彼はこう言う。

あの時見たSの家の構造は、明らかに異常でした。

ひょっとして、あの家に奉られていたのは神様ではなかったんじゃないですかね？

もっと、こう邪悪なモノ……。

所謂、邪神っていう奴なんじゃないかなって思うんです。

家を取り壊したことで、その邪神を解放してしまった。

封じていたモノがこの世に出てしまった。

そんな気がするんです。

その土地は家の取り壊しから数年経った今も、雑草一本生えることはない。

誰も、何の手入れもしていないのに……。
だから近隣住民の間では「忌地」として認知され、恐れられているそうだ。

広島の旅館で

これはブログの男性読者さんから寄せられた話になる。

その頃、彼は中学時代の同級生と付き合っていた。

その彼女というのは小さな劇団で女優をしており、付き合いだしてからは彼も何度か彼女が出演する舞台を見に行っていたそうだ。

そんなある日、彼女が所属する劇団が広島での公演を行うことになった。

時期はちょうどお盆休みと重なっていた。

そこで彼もその舞台を観に行き、ついでに広島観光でもしようと彼女から誘われた。

実は彼は『はだしのゲン』などの原爆に関する作品に強いトラウマがあった。

だから正直気が進まなかったらしいのだが、いざ広島に着いてみると原爆というイメージとはかけ離れた綺麗な街並みがとても気に入ったという。

彼は広島で公演が行われる数日間を、シティホテルで彼女と一緒に過ごした。

しかし最終日は、それまで泊まっていたシティホテルではなく、彼女が泊まりたがっていた有名な旅館に泊まることにした。

歴史のある古い建物ではあったが、高級感があり、落ち着いた風情は彼の気持ちを和ませてくれた。

それは彼女も同じだったようで、その旅館に着くなりかなり機嫌が良くなり、ハイテンションで旅館の中を探検して回っていた。

ところが仲居さんに案内された部屋に入るなり、突然彼女の顔が曇った。

「何だろう……気持ち悪い」と言い出した彼女に、彼は、

「忙しかったから疲れが出たんじゃないのか？」と優しく返した。

すると彼女も思い直したように「うん、そうかもしれないね」と少し笑顔を見せてくれた。

しかし今になって考えてみると、旅館の態度はどこかおかしかった。

常に何かこちらの顔色を窺っているかのような不自然さを感じたのだという。

だから本来ならばその時点で旅館側に、その不自然さの理由を尋ねるか、もしくは部屋

を変えてくれるようにお願いするべきだった。

そうしていればその後に体験する忘れられない恐怖を回避できていたのかもしれないのだから。

ただその時の彼らは確かに舞い上がっていた。

初めての二人揃っての遠隔地での宿泊。

憧れの老舗旅館での宿泊は、彼らから正常な判断を奪ってしまったのだろう。

何か引っ掛かるものは確実にあったのだが、彼らは無意識にそれに目を瞑り、細かい違和感など気にせず広島での最後の一日を楽しもうとしていた。

幸い、食事や風呂の時間には何も起こらず、平和な時間が流れた。

そして夜、そろそろ寝ようと部屋の明かりを消して、豆球だけを点した状態になった時から怪異は起こり始めた。

彼女が突然「あっ」と声を上げた。

どうかしたの？　と聞くと彼女は怯えたように視線を窓のほうへ向けた。

「今ね……窓のところに坊主頭の男がいたように見えたんだけど……」

まさかと思い電気を点けてみるが、やはり誰もいない。

彼らはきっと気のせいだろうと思うことにして、そのままもう一度眠ることにする。

ところが眠ろうと横になっていると、どこからか焦げ臭いにおいが漂ってきた。

彼は、もしかして火事なのか？　と慌てて上半身を起こして目と耳に神経を集中させた。

しかし、旅館内から声が聞こえることも火の気を感じることもなかった。

（気のせいだったか……）

彼がそう思って再び横になると、彼女が不審そうな顔をして
「何かあったの？」

と聞いてきた。

「ううん、何でもないよ」

心配させないようそう言うと、彼女も
「ふぅん。ならいいけど……」

と、とりあえずは納得してくれた。

そうして暫くすると、昼間の疲れからか二人は自然と眠りに落ちた。

しかし、またもや彼は真夜中にふと目が覚めてしまう。

何で起きてしまったのか分からずにぼうっとしていると、彼の耳が人の声らしき音を

拾った。

「……く……れ……」

掠れた女とも男とも判別できない声が一度だけ聞こえてきた。

時計を見ると深夜二時を回っていた。

彼は横に眠っている彼女を起こさないように洗面所へ向かった。

コンタクトを付けたまま寝てしまっていたことに今更ながら気付いたのだ。

ついでに顔を洗いながら、
さっきの声は何だったんだろうか……？

と、ぼんやりと考える。

コンタクトから眼鏡に変えて、再びベッドに戻ろうとした時、ベッドの手前のテーブルの傍に何かがうずくまっているように見えた。

彼はそれが彼女だと思ったという。

「〇〇〇？」

だから彼は彼女の名前を呼んだ。

しかし、ベッドの傍らにうずくまっていたそれは何も答えず、こちらへと顔を向けた。

それは彼女ではなかった。

確かに女性ではあったが、彼女とは似ても似つかぬ顔の女だった。

顔の半分が髪で隠れて見えない。

というよりも髪がボサボサな状態で何かが変だった。

彼はその時、確かに恐怖を感じていたが、それよりも彼女を護らなければという思いが強かった。

勇気を振り絞って「誰だ！」と言おうとした瞬間、その女は突然「お水……」とだけ言った。

そして次の瞬間、その姿が突然真っ黒になったように見えた。

それを見た彼が腰を抜かすと、その女は口角を上げて笑ったように「お水……」と連呼した。

彼もそこが限界だった。

この女は生きている人間じゃない……。

それを確信して叫びだしそうになると同時に、彼女の叫び声が聞こえた。

彼女は窓側を指さしながら固まり、ぶるぶると震えていた。

彼は弾かれたように視線をその女から外し、彼女が指さす窓のほうを見た。
男がいた。
僅かな明かりに照らされた男の姿は、明らかに焼け爛れたものだった。
彼がトラウマになっている原爆関連の記録映像に出てきた、あの日の人間の姿だった。
男は彼のほうに顔を向け、
「おい……水よこせ……」
と、力なく消え入るような声で呟いた。
だが、その声はまるで耳元で囁かれたかのようにはっきりと聞こえた。
彼らはそのまま部屋を飛び出して、無意識にロビーへと走っていた。
ロビーに着くと彼らの慌てふためいた様子に警備員や支配人が駆け寄ってきた。
彼らは必死に今起こった出来事を説明した。
そして、
「あれは一体何なんですか?」
とまくし立てた。だが、返ってきた言葉は
「またか……」という呆れとも諦めとも付かぬ言葉だけだった。

彼らはそのまま部屋に戻ることはせず、警備員に荷物を取ってきてもらい、朝になるとその場から逃げるように旅館を後にした。


その二年後に、彼らは別れることになった。

彼としてもあの旅館での出来事はきっと悪い夢だったのだと自分に言い聞かせていた。

しかし、それから数年後。

偶然観ていた心霊番組で、彼はまたその時の記憶が鮮明に蘇ってしまった。

その番組内では某有名俳優N氏が、自身の心霊体験を語っていた。

それは名前こそ伏せられていたが、間違いなくあの広島の老舗旅館での出来事で、その俳優が体験した内容も彼と全く同じものだった
確かに歴史のある旅館というものは貴重なものなのかもしれない。

だが、それだけ多くの怪異が発生しているにも拘らず、そのまま営業し、問題のある部屋を宿泊客に提供し続けていることに俺は驚きを通り越して、恐怖さえ覚えたのだった。

買ってはいけない

和田さんは結婚して、子供ができたことを契機に車を購入を決めた。

若い頃に運転免許は取得していたが、ずっとペーパードライバーだったこともあり、再び自動車学校に行き、ペーパードライバー向けのカリキュラムを受けた。

ずっと運転していなかったが、オートマの車ならば何とか自信を持って運転できると感じた彼女は、車体の小さな軽四ではなく、思い切ってオフロードタイプの普通車を購入することにした。

確かに大きな車の運転は不安でもあったが、見るからに頑丈そうな車体は、万が一の場合でも生まれたばかりの赤ちゃんを護ってくれそうな気がしたのだという。

夫と一緒に中古車店を回り、彼女は思いがけずお買い得な車を見つけた。

低年式でオートマ、走行距離は信じられないほど少なく、しかも希望通りのオフロードタイプの普通車だった。

家に帰って調べてみると、その車の価格は相場よりも二、三割ほど安かった。

車に詳しい夫は、もしかしたら事故車なんじゃないか？　と疑ったらしく、もう一度二人でその中古車店に足を運ぶことにした。

店内で夫は、

「この車は事故車なんじゃないですか？　あまりにも安すぎるんですけど」

と単刀直入に聞いたらしいが、店のオーナーらしき男性は、

「いえ、この車は間違いなく事故車ではありませんよ！　車同士の事故も起こしてはいませんし、人や自転車を轢いた記録もありませんから。安くして早く売れればそれだけ車の維持費も掛かりませんし、そういう方針で営業させてもらってるだけです」

と説明してきた。

しかし、夫は半信半疑だったそうだ。

なぜならその店に展示してある他の中古車は、特に安価に設定している訳ではなかったから。

しかし、彼女はその車をとても気に入ってしまい、煮え切らない夫の意見は聞かずに、

その車の購入を決めたそうだ。

車は驚くほど短期間で納車された。

初めはその車の事故歴を疑っていた夫も、何度か自分で運転したりするうちにその車の状態の良さに感心し、良い買い物をしたと思うようになってくれた。

実際、車が納車されてから一カ月ほどは何も起こらなかった。

しかし、ひと月が過ぎた頃、ショッピングセンターで買い物をしていた彼女は知り合いに声を掛けられた。

そして、こう言われたという。

「駐車場にあなたの車が駐まってたからどこにいるのかなと思って探してたのよ。でも、後部座席っていうか荷台の部分に人なんか乗せないほうがいいわよ。買い物するのなら一緒に来ればいいのに……。熱中症にでもなったらどうするのよ！」と。

彼女はその知り合いが何を言っているのか、全く理解できなかった。

だから、

「え？　見間違いなんじゃないの？　私、車に誰も乗せてきてないんだけど」

と、返したという。

しかし、その知り合いは絶対にその車は彼女の車だったと力説するのでさすがに彼女も気持ち悪くなり、その知り合いと二人で、駐車場に駐めてある自分の車を確認しに行った。

しかし、やはり車の中には誰もおらず、それを見た知り合いも、

「おかしいわね……確かに中年の女の人が乗ってたんだけど……」

と、納得のいかない顔で返してきたという。

その時はそれだけで特に気にも留めなかったが、日曜日に自宅前で洗車していた夫が慌てて彼女を呼びに来た。

「おい、お前猫か犬でも轢いたのか？」

慌てて夫と車を見に行くと、フロントバンパーには飛び散った血がベッタリと付着しており、なぜか車の屋根にも血で描かれたような五本の線が後部まで続いていた。

「人でも轢いたんじゃないだろうな？」

そう言って真剣な眼差しで彼女を見つめる夫に、彼女は必死で否定した。

「人なんて轢いてないから！　それに人を轢いてたら車ももっと壊れてるはずでしょ？」

しかし、生々しい血の跡に彼女自身パニックになっていたらしく、それ以上論理的に夫に言い返すことはできなかった。

ただ、事故を起こした記憶など本当になかったのだから、それ以上言いようがない。

それでも車には血液らしきものが付着している。

彼女は、もしかしたら気が付かないうちに犬か猫でも轢いてしまったのかもしれない
……と思い、それからは更に安全運転を心掛けるようになった。

だが、それで怪異が収まることはなかった。

車を運転していると、何度も屋根に何かがぶつかったような大きな音が聞こえてきた。

車を停止して確認するが、屋根には凹みどころか傷一つ付いてはいない。

また車を家の前に駐めている時でも、何かが車の屋根に落ちたような凄まじい音が聞こえてきて、慌てて外へ出て確認するということがしばしばあった。見ても車に異常はないのだが……。

そして、ある夜。決定的なことが目撃される。

仕事から帰ってきた夫が、家の前に駐めてある車の屋根に何かが貼り付くようにうつ伏せでしがみ付いているのを目撃したのだ。

屋根に貼り付いていたそれは、夫が恐る恐る近づいていくと、車内に吸い込まれるようにして消えたという。

それから夫は彼女も呼んで車の中をくまなく点検したが、当然のように何も見つからなかった。

そして翌朝、会社に行こうとして家を出た夫は、停車してある車の窓にベッタリと血の痕が残されているのを見つけ、さすがにその車を手放すことに決めたそうだ。

しかし、その車を購入した中古車店では買い戻しを拒否された。

そんな超自然的な理由でのキャンセルは受けられません、と。

しかし、別の中古車店にその車を持ち込んだ時、車自体の買い取りは拒否されたが、その車の過去に何があったのかを調べて教えてくれた。

その車は数人前のオーナーが新車で購入し乗っていた時、不幸にも事故に遭遇していた。路肩に駐車していた際、目の前のビルから飛び降り自殺があり、その車の屋根に落下した。

自殺者の体は無残な形に変形し、車のボディは真っ赤に染まるほどだったという。

業界内ではそういう車があることは事実であり、確かに事故車というカテゴリーには入らないのかもしれないが、良識ある業者なら普通はそのまま廃車にする。

「だから、安価で売っていたという時点で、きっとその中古車店も分かってたんじゃないですかね……。勿論、その自殺のことも」

そう説明されたという。

以来、彼女は車の運転を諦めたらしいが、夫にも絶対に中古車だけは買わないようにと言ってあるそうだ。

ネズミ捕り

これは俺が五年ほど前に体験した話になる。

車を運転する者にとって、事故も怖いが警察による取り締まりでの違反切符も怖いのではないだろうか？

違反点数が累積すれば免許停止や免許取り消しにもなりかねないし、罰金自体もしがないサラリーマンの俺にとってはかなりの痛手になる。

だから俺は常にスピードメーターをチェックしながら、安全運転を心掛けている。

やはり急いでいる時やイライラしている時にはスピードも出し気味になる。

そうやって制限速度超過に気を配りつつ、営業として培ったネズミ捕りスポットを頭の中に叩きこんでいるおかげか、今のところ俺はスピード違反で警察に捕まることは皆無と言ってよいかもしれない。

しかし、今からちょうど五年ほど前、俺は突然警察に停止命令を出された。別に何も悪いことをしていなくても、そういう時にはいつも心臓が止まりそうなほどに驚いてしまう。

車を停止させ、窓を開けて警官に話しかけた。

「何かありましたか？」と。

そして警官が返してきた言葉に俺は愕然とした。

「運転手さん、あなたかなりスピードを出してしまいましたね。ちょっと車から降りてもらえますか？」

そんな言葉だった。

実はその場所が頻繁にネズミ捕りをやっているスポットだということは熟知していた俺は念のために制限速度よりも少し遅いスピードをキープしてその道を走っていた。

片側二車線の道の左側、つまり追い越し車線ではなく走行車線を走っていた。

万が一ネズミ捕りをしていたとしても絶対に捕まらないように、と。

しかし、警察車両の中へ連れていかれ示された俺の速度は、何と時速八十キロ近くを表示していた。

その道の制限速度は時速四十キロ。

つまり警官は俺が制限速度の二倍のスピードで走っていたというのだ。

そんな馬鹿なことがあるはずがなかった。

だから俺は必死に警官に食い下がった。

そして、あることを思い出したのだ。

実は俺がその道を走っている時、背後から近づいてきてあっという間に追い越し車線から
俺を抜いていった車がいた。

とても古い型のクラウンだったから、余計にはっきりと覚えていた。

こんな古い車でスピードでして大丈夫なのか？　と。

だから俺は警官にこう尋ねた。

「それじゃ俺を凄いスピードで抜いていったあのクラウンは何キロ出ていたんですか？　俺が時速八十キロで走ってたとしたら、あのクラウンはきっと倍くらいの速度で走ってたんじゃないですか？　まさか、あのクラウンは取り逃がしたなんて言うんじゃないでしょうね？」

と、語気を強めて。

しかし、警官から返ってきた言葉を聞いて俺はまた愕然とした。

「はぁ？　そんな車は見ていないよ」

取り締まり用のレーダーに映っていたのはあなたの車だけでしたから。

警官は確かにそう言ったのだ。

「いや、ちょっと待ってくれ！　俺は確かに追い越し車線を走ってきた車に凄い勢いで抜かされたんだ！　しかも、それはあなたたちがネズミ捕りをしているこの場所のすぐ手前。見えなかったはずはないと思いますが！」

俺は何度も同じ言葉を繰り返していた。

とても納得できる話ではなかった。

すると、警官はまるで俺に言い聞かせるように説明を始めた。

「いいですか？　あなたが走ってきたのが右側の追い越し車線なんですよ。そしておよそ時速八十キロで走っていた。レーダーに記録が残されている以上、言い逃れはできないんですよ。今後はもっとスピードを控えて走っていただく証しとして、違反を認めて違反切符にサインしてもらえませんか？」

そう言われて俺は一瞬、心がぐらついた。

このまま言い争いをしていては、約束の時刻に遅れてしまう。

それよりも、さっさとサインしてお客さんの元へ向かったほうが良いのではないか……と。

しかし、俺はある言葉が引っ掛かっていた。

それは警官が言った「俺が追い越し車線を走ってきた」という言葉だった。

それは幾ら何でも無理があった。

俺は左側の走行車線を走ってきたところを停止させられ、そのまま左折するように誘導されて、この場所に車を停止させていた。

それは間違いなく警官も見ているはずだった。

だから俺は警官に諭すようにこう言った。

「あの、私の車が走ってきたのを目視で見て、停止させたんですよね？　だとしたら、私の車はその時、右側の追い越し車線を走っていましたか？　私はあなたに停止させられた時、そのままゆっくりと停止しました。その時、私の車は追い越し車線にいましたか？左側の走行車線にいませんでしたか？」

すると、警官は少し考え込んだ後、

「確かにあなたの車が停止した時、走行車線を走っていました。でも、それはきっと追い越し車線から走行車線へと直前に車線変更されたんじゃないんですかね？」

そう言われた俺はつい熱くなり、

「それじゃ、私が車線変更した事実も見ていないんですよね？　何なんですか、一体？そんな曖昧な状況でも警察は適当に違反切符を切るんですか？　あんたたちにとっては成績になるのかもしれないけど、こっちは少ない小遣いの中から違反金を払わなくちゃいけないんだよ！　しかも、四十キロオーバーということは明らかに免停じゃないですか！　そんな状態でサインなんかできる訳ないでしょうが！」

と言い放った。

「……認めないんですね？　それでは裁判ということになりますね」

その警官は淡々と返してきた。

そんな時、その場で一番年配とおぼしき警官が声を掛けてきた。

「何を揉めてるんだ？」

そう言って丁寧に俺にお辞儀をしてくれた。

年配の警官はその警官からの説明を聞いた後、俺にも説明する機会を与えてくれた。

そして、俺はネズミ捕りに捕まるまでに起こったことを丁寧に説明した。

話を聞き終えた年配の警官は暫く考え込んだ後、俺にこう聞いてきた。

「そのクラウンというのは白色でしたか？」と。

確かに俺が見た古い型のクラウンも白色だった。

俺が「はい、そうです」と返すと、暫くその場を沈黙が包んだ。

そして、年配の警官はこう話しだした。

「これはあくまで世間話として聞いてほしいのですが……。この道では昔からネズミ捕りでのトラブルが多く発生しているんです。その誰もが口を揃えて主張するのが、自分の車を凄いスピードで抜いていった車がいる、ということなんです。そして、その車は決まって古い型の白いクラウン。あれほど皆さんがはっきりと断言されるんですからもしかしたら本当にドライバーさんからはその白いクラウンが視えていたのかもしれません。そして、もう一つはっきりしているのが、ネズミ捕りをしている私たちの目にはそんな白いクラウンは目視できていない。もっと言えば、正確なレーダーにも車は一台しか映り込んではいないということなんですよ。警官という立場で、〈霊的な何か〉と言っている訳ではないんですが……。実際、過去にこの道で白いクラウンが関係した事故は一度も起きてはいないんです。あなたが仰ることもとても嘘だとは思えない。でも、こちらとしては証拠も残っている。だとしたらお互いに妥協点を見つけませんか？」

穏やかにそう諭された俺は、

「まあ、私も次の予定があるので……。でも、免停は勘弁してもらえませんか？」

と提案した。

すると、年配の警官は、

「それでは、違反点数一点の速度違反ということでお願いできますか？　立場上、何もなかったことにはできないのが実情で……」

と言ってきた。

まあ、違反点数一点ならばたいしたことはないかなと思い、俺は速やかに違反切符にサインしてその場から立ち去った。

しかし、最後まで年配の警官は、

「本当に申し訳ない、何とか御理解ください」

そう言って深々と頭を下げ続けていた。

しかし、それから数日経っても俺はその時のことが頭から離れなかった。

別に冤罪で違反切符を切られたことに怒りが収まらないからではなく、あの時俺が見た白いクラウンへの好奇心がむくむくと膨らんできてしまったのだ。

確かにあの時見た車はクラウンで間違いなかった。

しかも、その型のクラウンは俺が幼少の頃に走っていたのを見た記憶はあったが、ここ何十年と実際に街中を走っている姿を目にすることはなかった。

それこそ自動車博物館で展示されていてもおかしくないほどの古い型だった。

そんな古すぎる車が物凄いスピードで俺の車を追い抜いていった。

そして確かに運転席にはドライバーが座っていた。

それを思い出した時、俺はもう一つの事実に思い当たった。

確か、そのクラウンが俺を抜いていった際、後部座席には二人座っていた。

俺にはそれが男女一人ずつの後頭部に見えた。

どうしてそんなことを思い出せたのかといえば、後部座席に座っていた二人が異様に座高が高かったからだ。

正に車内の天井に頭が付いているのではないかと思えるほど、異様に高い座高がはっきりと思い出された。

そして、そのクラウンは背後を走る俺からは遠ざかっていく姿が見えていたにも拘らず、ネズミ捕りをしていた警察官からは全く見えていなかった。

そして、ネズミ捕りのレーダーにも俺の車しか映ってはいなかった。

しかも、実際に走っている速度の二倍の速度で……。

これだけ不可思議な要素があるのだとしたら、それは人為的、機械的ミスではなく、怪異に違いないのだろう。

俺はそう結論づけた。

そして、また俺の悪い癖が出てしまう。

俺はもう一度この目でその古いクラウンを見つけ、今度こそ消える瞬間でも見届けてやろう、と決意してしまった。

だから仕事の合間や休日などにはできるだけ俺がネズミ捕りで捕まった場所に車を停めて、のんびりとあのクラウンが走ってくるのを待った。

しかし、結論から言えばその場所で再度あのクラウンと遭遇することはなかった。

あれほど珍しい型の古いクラウンなのだから見落とすことは考えられない。

俺は半分意地になってそのクラウンの出現を待ち続けたが、無駄な試みだった。代わりに、俺の身の回りで不審な出来事が起こり始めた。

交換したばかりの車のバッテリーが上がり、エンジンが掛からなくなった。

車のボディに奇妙な液体が付着するようになった。

走っているとハンドルが取られることが多くなり、スタンドで調べてもらうとタイヤの空気圧が異様に減っていた。

それらは、あの古いクラウンと何ら関係のないことに思えたのだが、その後、俺は車を運転している際に何度もあの白いクラウンの姿をバックミラーの中に確認するようになった。

慌てて速度を落としても車を停止させてもバックミラーに映ったクラウンが目視できることはなかった。

そんなある日、俺はいつものように一人で車を運転していた際、突然後部座席から猛烈な気配を強く感じた。

そして、それを確認しようとルームミラーの角度をいじっていた時、突然、酷い睡魔に襲われてしまった。

(ヤバイ……)

そう思ったが、強い睡魔に抗うことはできず、何とか弱くブレーキペダルを踏み込むのが精一杯だった。

そして、大きな衝撃音とともに俺は睡魔から解放された。

慌てて前方を見た俺は自分の運転する車が前を走る車の後部に追突する形で停止しているのを確認した。

双方がそれなりの怪我を負った事故だった。

事故の原因は俺の居眠り運転として処理されたが俺はそれに反論する気は毛頭なかった。

それよりも、早くあの白いクラウンことを忘れてしまわなければ、大変なことになるぞ……という思いに駆られていた。

それからは二度とあの白いクラウンの姿を見てはいない。

きっと、あの車には関わってはいけないのだ。

関わればこちらに怪異が襲ってくる……。

そういうモノは確かにこの世に多く存在しているのだから。

乗ってくるモノ

これは以前、タクシーの運転手さんから聞いた話になる。

その夜、俺はいつものように週末の片町を一人飲み歩き、気が付けば時刻は既に午前二時を回っていた。

そろそろ帰らないと明日起きられないな……。

そう思った俺はいつものようにふらつく足取りでタクシー乗り場へと向かった。

さすがに午前二時を回ると客待ちのタクシーもかなり少なく、長い人の列ができていた。

そんな時いつもの俺なら長い列に並ぶよりもさっさと歩いて帰宅することを選ぶのだが、その夜はどうも飲み過ぎてしまい、そんな気にはならなかった。

長い列の最後尾に並び、三十分ほど待っていると何とかタクシーに乗ることができた。

俺はいつものように、

『すみません、近くで申し訳ないんですけど○○のバス停前までお願いできますか？」

と行き先を告げた。

俺はこういう時にはいつも、なるたけ丁寧な言葉を選ぶようにしている。

何しろ、タクシー運転手の中には俺が行き先を告げると露骨に舌打ちをして機嫌が悪くなる輩も多かった。

だからせめて飲んだ帰り道くらいは気持ちよくタクシーに乗りたいと思い、丁寧に言葉を選んで話すようにしていた。

しかし、その運転手さんにそんな心配は要らなかった。

俺が行き先を告げて、

「すみません、近いから申し訳ないんですけど……」と言うと、

「いえいえ、近いほうが助かりますよ。こんな時刻に遠くの行き先を言われると、やっぱり怖いですから……」

と返してきた。

そこで俺が俄然、好奇心をくすぐられ、

「もしかして過去に何か恐ろしい体験でもしてるんですか？」

と聞いた際に、渋々聞かせてくれたのがこれから書く内容になる。

それは今から五年ほど前のことだったという。

その夜は朝までの乗車業務だった彼は、片町からの客を何回も乗せ、それなりの売り上げを上げていた。

時刻は午前二時を既に回っており、少し眠気を感じた彼はコンビニの駐車場にタクシーを停めて、苦いコーヒーを飲みながら睡魔を振り払おうと軽く体を動かしていた。

その時、会社からの無線が入った。

彼が停車している近くでお客さんが待っているからすぐに向かってくれ、というものだった。

確かにそういう配車もよくあることだったが、さすがに深夜二時を回っており、しかも乗客が待っているという場所がそのコンビニから山道を登った先のバス停の前だったこともあり、彼としても少し気味悪く感じたそうだ。

内心そんな場所でお客さんを乗せたくなかったが、業務命令とあらば仕方なかった。

彼はコーヒーを一気に飲み干すと、仕方なくタクシーを発進させて指定された場所へ向かった。

指定されたバス停に着いたが、バス停の周りには明かりもなく、本当にこんな真っ暗な場所でタクシーを呼んだ奴がいるのか？　と訝しんだ。

きっといたずら電話なんじゃないのか？

そう思い、会社に無線で連絡を入れていると、突然運転席の窓が、コツコツとノックされた。

「ヒッ！」

彼は思わず小さな悲鳴を上げてしまった。

その後、急いで運転席から出ると、その場に立ち尽くしていた四十代くらいの男性を車内へと迎え入れた。

スーツ姿の男性はどこか暗い感じがした。

彼は恐怖を払拭しようとその男性に話しかけた。

こんな時間にどちらまで行かれるんですか？

すると男性は、

「すみません……津幡の森林公園まで行ってください……」

とだけ呟いたという。

津幡の森林公園ともなればかなりの距離がある。

深夜料金ではかなりの乗車料金になるだろう。

ただ、どうしてこんな時刻に森林公園なんだ？

あそこはこの時間帯だと閉園しているし、何よりそんな所に何の用があるというんだ？

そう思った彼は、

「こんな時刻に森林公園ですか？　そこで誰かと待ち合わせですか？　さっきお一人であんな暗いバス停で待たれてましたけど、怖くなかったですか？」

など色々と質問を繰り出して会話を試みたが、その男性は何も反応しなかった。

何か変な時刻に変な客を乗せちゃったなぁ……。

そんなことを思いながら、彼は仕方なく運転だけに集中することにした。

すると、後部座席に座る男性が突然
「〇〇〇〇〇ありますか？」

と口を開いたという。

その言葉がよく聞こえなかった彼は

「え？　すみません、よく聞こえなかったんですが、もう一度お願いできますか？」

と聞いた。

すると、その男性は今度は少し大きめな声で

「人を轢いたことありますか？」

と聞いてきたという。

突然、奇妙な質問をしてきたその男性が更に気味悪く感じられたが、それでも彼は、

「いや、ないですね……。人どころか犬や猫だって轢いたことなんかありませんよ。こういう商売してると人身事故を起こしちゃったら終わりなんで、運転には気を付けてます。だから安心して乗っていてください」

と返したという。

しかし、その男性からは相変わらず何の反応もない。

仕方なく彼がまた運転に集中していると、それからも何度となく同じ質問をしてきた。

「人を轢いたことありますか？」

「人を轢いたことありますか？」

……と。

もうその頃になると、その男性の質問はできるだけ無視して運転しようとしていたらしいのだが、それだけ同じ質問をされてしまうと、本当にその男性のことが気味悪くなってしまい、もしかしたら、こいつは頭がおかしいんじゃないのか？　それとも俺のことをからかって楽しんでいるのか？　と思えてきた。

（さっさと目的地まで送り届けて、降ろしてしまおう……）

そう思い、彼がスピードを上げた途端、彼は目の前の光景に思わずハッとしてしまう。

前方左側の歩道に、後部座席に座っているはずの男性と同じ顔、同じ服装の男がこちらを向いて立っていた。

そして近づいてくる彼のタクシーに向かって片手を上げた。

何だ？

どういうことだ？

彼はタクシーを減速させながら恐る恐る後部座席へと視線を移した。

すると、つい今しがたまで後部座席に座り奇妙な同じ質問を繰り返していた男性の姿が見えなくなっていた。

彼は背筋が凍り付くのを感じたという。

その刹那、突然、歩道に立っていた男が彼の車めがけて飛び込んできた。

それも、満面の笑みを浮かべたまま……。

彼は渾身の力でブレーキを踏んだ。

しかしすぐ目の前に飛び込んでこられた彼のタクシーは当然止まれるはずもなくその直後、ガッガッガッと嫌な音を立てながらタクシーの前輪が何かを巻き込み、何かに乗り上げるような感覚を感じながら停止したという。

彼は暫く放心状態でハンドルに顔を埋めていた。

人を轢いてしまった……と。

しかし、ハッと我に返った彼は急いで車から降りると、自分が轢いてしまったはずの男性の姿を探した。

しかし、タクシーの周りを見ても、そして下回りを見ても轢いたはずの男性の姿は見つからなかった。

彼は確かに男性を轢いた。

それはタイヤが何かを巻き込む音やハンドルから伝わってきた強い衝撃からも明らか

だった。

しかし、轢いたはずの相手が見つからない。

彼は何が起きているのか理解できぬまま、きっと今夜の俺は疲れてるんだと、無理やり自分を納得させながら再び運転席へと戻った。

そして、内心では、本当に人を轢いてしまわなかったことにホッとしていた。

彼は再びハンドルを握ると、タクシーを発進させようとした。

その時だった。

後部座席から、

「人を轢いたことはありますか？」

あの男性の声が聞こえてきた。

思わず後部座席を振り返ると、そこには先ほど轢いたはずの男性が座っていた。

体中が損壊し、血まみれになった男性が……。

そして彼のほうを一瞥すると、そのままうーっと消えてしまったという。

彼は慌てて運転席のドアを開けると、転がるようにして車外へと飛び出した。

初めて人を轢いた感触、そして初めて見てしまった幽霊。

彼にとっては正に最悪の夜になった。

暫くはそのまま車外で呆然としていた彼だったが、少し気持ちが落ち着いてくると恐る恐る車内に誰もいないことを確認し、慎重に運転席に乗り込み、車の窓を全開にして会社へと戻ったそうだ。


彼が本当に事故を起こしたのは、それから二週間ほど後のことだったという。

飛び出してきた子供を避けてガードレールに激突したのだ。

車は大破したが、幸い彼自身も打撲で済み、子供も轢かずに済んだということである。

彼が乗せたあの奇妙な客との恐怖体験が、その後の事故と関係があるのかは分からないが、幸い彼はまだ人を轢かずに済んでいるということである。

加佐ノ岬

石川県の加賀市に加佐ノ岬という観光スポットがある。

綺麗な遊歩道が完備され、駐車場の近くにはお洒落なカフェもある。近年はパワースポットとしても認知されており、それなりに訪れる観光客も多い。

太平洋戦争の終盤には、燃料不足から遊歩道脇の松の木が使われた。松ヤニを採取して飛行機の燃料にしたらしく、今なお残る削られた松の木は、当時の日本が置かれた状況を再認識させてくれる。

この場所が観光地として整備されたのがいつ頃なのかは分からないが、これから書くのは加佐ノ岬が観光スポットとして整備される以前の話になる。

俺の仕事関係のお客さんにデザイン関係の仕事をしている男性がいる。

今では落ち着いてお洒落な印象の彼だが、話を聞いていると、どうやら高校生の頃は相当ヤンチャで、所謂不良学生を満喫していたようだ。

部活動には一切興味を示さず、ただ毎日を面白おかしく遊ぶ日々。

学校を休むことなど日常茶飯事で、いつも仲の良い友達数人とつるんでいた。

そんな彼らが学校を休んで何をするのかといえば、無免許でのバイクだった。

別にバイクを盗んだり、誰かに絡んで喧嘩をしたり、という訳ではなかったようだが、親や知り合いが所有しているバイクを借りて色んな場所へ出かける。

それでも一度も警察に捕まることはなかったそうだから、何とものんびりした時代だったのだろう。

彼らはその日、地元・小松市の隣に位置する加賀市の海沿いを走りに出かけていた。

海沿いの道を走っていくと、自然と道は上り坂になっていき、やがて行き着いたのが加佐ノ岬だった。

現在のように観光スポットとして整備されている訳でもなく、当然遊歩道などもなかった。

彼らはそのまま山道を進んでいき、今度は下り坂を進んで浜辺に出た。

暫く浜辺でワイワイと遊んでいたらしいが、中の一人が浜辺の先に洞窟があるのを発見した。

洞窟は浜辺ではなく、海の中にぽっかりと口を開けていた。

当然、水着など持っていなかったが、そんな面白そうな洞窟を彼らがそのままスルーするはずもなかった。

我先に服を脱ぎすててパンツ一丁になると、そのまま洞窟の入り口を目指して、海の中へと入っていく。

幸い季節は夏、寒いとは少しも感じなかった。

泳ぎ始めるとそれほど深い海ではないことも分かり、彼らは安心して洞窟へと泳いでいった。

やがて洞窟の中へと突入。真っ暗な洞窟はそれだけで彼らの好奇心を掻き立て、探検気分は最高潮に達した。

お互いに声を掛け合いながら、彼らは洞窟の奥に見える岩場を目標に、更に奥へ奥へと泳ぎ続けた。

「よっしゃ、到着ぅー」

全員がその岩場に泳ぎ着き、岩の上によじ登って座ると、気分はまるでヒーローにでもなったかのようだった。

真っ暗な視界に目が慣れてくると、洞窟の中に広がる独特な風景にも圧倒された。

暫く岩場の上で海への落とし合いなどをして遊んでいると、誰かがこんなことを言った。

「何かさっきから誰かに見られてる気がしないか？　それにさっき泳いできた時と比べてかなり水位が高くなってきてる……」

彼らは慌てて岩場の下の海を見た。

確かに、先ほどは岩に這い上がるのに苦労するほど高低差があったはずの水位が、今はかなり上のほうまで上昇していた。

「おいおい、嘘だろ。ヤバくないか？」

「こんなにすぐ潮が満ちてくるなんてことあるかよ……絶対おかしいぜ」

そう話している間にも水位はどんどん上昇していき、やがて岩の上まで海水に浸かり始めた。

（まずい……）

彼らは本能的に危険を感じた。

どうして急激に潮が満ち始めたのかも分からなかったし、一体どこまで水位が上がり続けるのかも分からない。

ただ一つ感じていたのは、このままこの岩場の上にいてはまずいぞという直感。

生きて戻れないかもしれない……。

そんな気持ちだった。

それはその場にいた全員が共有した気持ちだったのだろう。

次の瞬間、彼らは一斉に海の中に飛び込み、洞窟の入り口を目指して泳ぎ始めた。

行きはそれほど奥深くは感じなかったはずなのに、今は泳いでも泳いでも入り口が見えてこない。

おまけにこの暗さだ。

彼らは闇に近い洞窟の中を懸命に水を掻き、泳ぎ続けた。

そうしている間にも水位は更に増し、大して深く感じなかった海が底なしのように思えてくる。もはや到底足は付かない。

それだけでも恐怖だというのに、その時、彼らは別の恐ろしさに囚われていた。

何かが……海の底から近づいてきている。

分からない。ただ感じるのだ。じわじわと迫ってくる何者かの気配を。

喋る者はいなかった。

誰もが無言で、必死になって手足を動かし続ける。

それは彼らにとって生まれて初めての死の恐怖だった。


その時。

「うわぁ！」

彼らの中の一人が突然、大声を上げた。

そして、次に聞こえてきたのは、

「な、何か海の中にいるぞ！　何だ……これ！」

そんな声だった。

しかし、それを聞いても他の者は泳ぐのを止めなかった。

とにかく一刻も早く洞窟の入り口が見える場所まで泳いでいって、気持ちを落ち着かせたかった。

しかし、そんな彼らも次に聞こえてきた声には思わず固まった。
『何かが、背中に乗ってきたッ。駄目だ……もう、泳げない……ッ』
その声は半ば絶望に飲まれながら、必死に助けを求めようとする声だった。
その声に真っ先に反応したのが彼だった。
急いで叫び声を上げた
友達の元へと泳いでいき、腰の辺りをしっかりと掴んだ。
が——、その刹那、彼は違和感を感じた。
確かに、何かが、友達の背中にいる……。
暗さのせいか、よく見えない。
だが、敢えて確かめようとも思わなかったし、そんな勇気はからきしなかった。
ただ必死に腰を掴んだまま、前へ前へと進むことだけを考える。
しかし、どれだけ手で水を掻いても一向に前へと進まない。
「駄目だッ……がぶっ……お前らも手伝え！」
海水を飲みながら叫ぶと、他の友達も集まってきてくれた。
数人がかりで友達を引っ張るが、僅かにしか前進しない。

それでも諦めずに泳ぎ続けると、ようやく洞窟の入り口が見えてきた。と、その瞬間、フッとその友達の体が軽くなった。

彼らは一気に洞窟を出ると、無我夢中で陸地まで泳ぎきった。


しかし、騒然となったのはその後だった。

助けを求めていた友達の背を見た仲間は絶句した。そこには大きな掌が二つ、赤い痣になって残っていたからだ。

人間の手のサイズよりはるかに大きかったが、その形は紛れもなく五本指の人間の掌そのものだった。

言葉にできぬ恐ろしさを感じた彼らは、その場から逃げるようにして立ち去った。

バイクを駐めていた場所に戻ると、なぜか知らないおばさんが立っており、心配そうに彼らのことを待ってくれていた。

おばさんは、彼らの顔が恐怖で引き攣っていることに気付くと、眉を曇らせてこう言った。

「あんたたち……あの洞窟の中へ入ったんじゃろ。あそこに泳いで入った者がもう何人も死んでるんだよ。無事で良かった。きっと神様が護ってくれたんだね……」

長時間置きっぱなしになっているバイクを見つけた近所のおばさんは、気になって持ち主が戻ってくるまで待っていたらしい。この辺りではよくあることなのだと。


それ以降、彼らは二度とその岬に近づくことはなかった。

勿論、この話を聞かせてくれた彼も。

だが、話を聞いて興味が湧いた俺は、仕事中の昼休憩を利用して、その岬を訪れてみることにした。

天気のいい日だった。

初めて訪れた加佐ノ岬は、綺麗に整備された観光地という印象で、特に変なものは感じない。

俺はがら空きの駐車場に車を駐めて、遊歩道を歩きだした。

暫く松林の中を歩いていくと、すぐに目の前に大きな海原が開けてくる。正に絶景だ。

俺はそれなりの人数の観光客に混じって、色々な場所で写メを撮りまくった。

生憎、話に出てきた洞窟の場所は見つけられなかったが、パワースポットと呼ばれているだけあって何か体の中から気が満ちてくるような感覚がある。

そして、岬の最先端までやってきた俺は、暫しそこで眼前に広がる海を見つめていた。

(よし、そろそろ車に戻るか)

そう思って振り返った刹那、俺は全身に鳥肌を立てた。

そこには誰もいなかった。

つい今しがたすれ違った二人組の女性も、カメラを持ってあちこち撮影していた男性もどこにも見えない。

文字通り、影も形も存在しなかった。

この開けた視界の中で、そんなに早くこの場所から立ち去ることなどできるのだろうか？

そんな風に考えた時、俺はある違和感に思い至った。

最初に車を降りた駐車場。

そこには俺の車以外、一台の車も駐まってはいなかった。

だが、この加佐ノ岬は民家のある場所からはかなり離れた、小高い場所にある観光スポットだ。

到底、歩いてこられるような場所ではない。

そう考えた時、俺は先ほどから感じていた「気」の正体に気付いた。

「パワースポットというのは気が満ちている場所であると同時に、霊も集まってくる場所なんですよ」

知り合いの霊能者からそんなことを言われたこともある。

一気に周りの空気が冷たくなったのを感じながら、俺は必死に駐車場への上り道を歩き始めた。

勿論、一度も後ろは振り返らないまま……。

やはり、あの場所には良きにつけ悪しきにつけ、たくさんの霊が棲みついているのかもしれない。

今も、昔も——。

何が起こったか

メアリー・セレスト号事件を御存じだろうか？

今から百五十年ほど前、ニューヨークからイタリアへ積み荷を積んだ輸送船がポルトガル沖で漂流しているのが発見された。

船には男女合わせて十人が乗り込んでいたが、船体には目立った損傷もなく、水も食料も十分に残されていたにも拘らず、船内からは誰一人することが発見できなかったという謎多き事件である。日本でも良栄丸事件といった遭難事故があったが、海では本当に不可解な出来事が起こるものだ。

そしてこれは俺が以前、母親から聞いた話になる。

俺の母は能登地方の漁村で生まれ育った。

今でこそ大きな商業施設や観光施設が建ち並ぶ場所だが、当時は山と海しかなく、本当に娯楽とは縁がない土地だった。

そんな環境の中で遊ぶとしたら、やはり海が一番手っ取り早かったのは想像に難くない。

毎日、学校から帰ると暗くなるまで兄弟や友達と一緒に海で遊んだ。

親たちもそれを止めることはなかったが、それでも灯台と漁港に近づくことだけは厳しく止められていたそうだ。

確かにエンジンが付いた大型漁船の近くで泳いでいたら命が幾つあっても足りないだろうが、どうやら当時の漁船というのはそれほど大きな船はなく、小さな船外機が取り付けられた程度の船しかなかったようだ。

それならば、たとえ子供が泳いでいたとしても見落とすことはないと思われるのだが、一体何が危険だったのだろう？

それを聞いた時に教えてくれたのがこの話だ。

ある時、港から漁に出ていた船が夜になっても戻ってこなかった。

その船には五十代の父親と二十代の息子の二人が乗っていたそうだ。

翌朝になっても戻ってこなかったらしく、漁協の仲間が自分たちの船を出して懸命に捜索した。

しかし、いつも漁をしている漁場にも船はおらず、どこを探しても船の痕跡すら見つからなかった。

捜索は三日間に亘って行われたそうだが、結局何の手掛かりも見つけられないまま打ち切られた。

仲間たちは、きっと何かのトラブルに遭って船は海底に沈んでしまったのだろう、と結論づけた。

しかし、それから三カ月ほど経ったある日の朝、一人の漁師が漁港の船着き場にその船が停泊しているのを発見した。

しかも、ロープで留められていた訳でもないのに、その船はいつもその船が留められていた場所にあったそうだ。

ただ船の中に行方不明になっている父と息子の姿はなく、一体どうやって港まで戻ってきたのか、全く説明が付かなかった。

だから漁師仲間はこう噂し合ったという。

あの親子は海の主に連れていかれたのだろうよ、と。

こう言われても、今考えれば荒唐無稽な作り話だと思ってしまうが、どうやらそれ以外にも不可思議な事実が判明し、説明の付かぬ怪異も起こっていたのだという。

まず第一に、その船には取り付けられていたはずの船外機がなくなっていた。

しかも、船から乱暴に剥がされたかのように、船の一部も大きく欠損していた。

それでは、どうやって港まで辿り着けたのか？

その答えになるかは分からないが、船底には一見すると長い髪に見える藻が絡みついており、それは港から沖のほうまで続いていたそうだ。

更に、船底を調べていた際、沖から延々と続く無数の裸足の足跡が、綺麗に列を組むように船の真下の海底まで続いているのを何人もの漁師たちが目撃している。

確かに不気味だったが、当時の船はかなり貴重で高価なものだったらしく、その船も遺族によって他の漁師に安価で売られたそうだ。

しかし、それから漁師たちの間であるモノが目撃されるようになった。

それは夜に漁から戻ってくると、誰もいないはずのその船に誰かが乗っているというものだった。

勿論、心当たりのある者などおらず、もしかして船泥棒かもしれないということで、見回りもしたらしいが、ある夜、漁師たちが見回りの際に確認してしまったのは船泥棒ではなく、その船の上からぼんやりと海を見つめている親子と白い着物を着た見知らぬ女の姿だった。

恐る恐る彼らが近づいていくと、船にいた三人の姿は霧のように消えてしまった。

それからも港の入り口にある灯台にその三人が立っているのが何度も目撃されたり、聞いたことのない女性の歌声が夜になると聞こえてきたりしたらしいが、そのうちに港に戻ってきた船は忽然と姿を消してしまった。

それ以来、その三人の姿を見ることはなくなったそうだ。

作り話

これは、赤丸さんが小学生の息子さんを連れて、山陰地方の実家に帰省した時に体験した怪異になる。

彼女の夫は趣味で大型バイクに乗っており、年に一度、仲間たちと数日に亘って遠方へのツーリングに出かけるのが恒例になっていた。

だから彼女も夫が不在の期間を利用して、一人息子を連れて実家に帰省するのが毎年の決まりごとになっていた。

その年のツーリングはちょうどお盆と時期と重なった。

彼女は仕事の有休を利用して、いつもよりものんびりと実家で過ごそうと考えた。

彼女の実家は山陰のとある小さな漁村にあった。

まるで時代に取り残されたような不便な土地ではあったが、それが逆に彼女にとってはいつまで経っても変わらない故郷として心地良かった。

しかし、近くにコンビニやショッピングセンターもなく、子供はおろか若者の姿を見かけることすら滅多にない、過疎の土地で過ごす休日は、現代っ子の息子さんにとっては決して楽しいものではなかったらしい。

実家に帰省して一日目は何とか駄々もこねず無事に過ごしてくれたが、二日目ともなると、息子さんは完全に暇を持て余してしまった。

時間はあり余っていたが、何も買えず、何もできず。遊ぶことすら難しい。

そんな土地でのんびりと過ごすことなど、まだ小学校低学年の息子さんには無理というものだろう。

そして、二日目の夜になるとついに我が儘が爆発してしまった。

「早く家に帰りたい！　ここじゃ遊ぶこともできないよ！」

息子さんは何度も何度も駄々をこねた。

確かに都会の暮らしに慣れている息子さんにはそんな過疎地での暮らしはとても耐えられるものではなかったのだろう。

ただ彼女自身はもっと実家でのんびりと過ごしたかった。

都会では絶対手に入らない「何もしなくていい幸せな時間」がそこには確かにあったのだから。

だから息子さんにこんな話をした。

「聞き分けのないことを言っていると、怖い御先祖様があんたを連れに来るよ。連れていかれたらもう二度と戻ってこられないんだよ」と。

それは彼女が幼い頃に両親から何度も聞かされた脅し文句だった。

大人になった今では、本当に子供じみた作り話だと分かるようになっていたが、幼少期の彼女にとってはその作り話は何よりも恐ろしい脅し文句だった。

そして、その古典的な作り話は、息子さんにとってもかなり効果的な脅し文句になったようだった。

彼女が真剣な顔で語って聞かせた作り話、

「聞き分けのないことを言っていると、怖い御先祖様があんたを連れに来るよ。連れていかれたらもう二度と戻ってこられないんだよ」

という脅し文句は、息子さんを恐怖で固まらせ、彼女にベッタリとくっ付いて離れなくなるほどに効果を発揮した。

怖い怖い、と泣きながら訴える息子さんに、彼女はつい悪戯心を芽生えさせてしまう。

もっと怖がらせておけば、二度と帰りたいなんて言わないだろう……。

そんな風に思った彼女は、自分が幼い頃に聞かされた話から派生させて、更に細かく設定した怖い話を語って聞かせた。


昔、御先祖様の中に悪いことばかりをする男の人がいたの。

そしてその結果、家族まで巻き込んだ村八分へと発展してしまったのよ。

昔は村八分になるということは生活していけない、という意味を持っていたの。

そこで御先祖様たちが相談して、その男に酒を飲ませて酔わせ、そのまま海に突き落として殺してしまったの。

二度と這い上がってこられないように、その男の両目を潰してね……。

そうすれば、自分たちだけは村八分から逃れられるかもしれないと思ったのよ。

そして、それによって家族は村八分から免れることができたんだけどね。

それ以来、その男が幽霊になってこの家に現れるようになったの。

潰れた両目で辺りを手探りで探してね……。

それで自分と同じように悪い子供を見つけると、そのまま連れていってしまうんだよ？

勿論、それは百パーセント彼女の思い付きだけで語った作り話だった。

しかし、その時のことを彼女は鮮明に覚えている。

突然、周りの空気が冷たくなり耳鳴りがした。

なぜか全身に鳥肌が立ち、酷い寒気に襲われた。

気持ち悪くなった彼女はそのまま息子さんと一緒に早めの時刻に布団に入った。

母親に抱かれていることで息子さんはすぐに寝息を立て始めた。

しかし、彼女自身は目が冴えてしまい、全身が緊張したままの状態で、全く眠りに就くことができなかった。

それでも何とか知らぬ間に眠りに落ちた彼女だったが、なぜか真夜中に突然目が覚めてしまった。

時計を見ると午前一時半を少し回った頃だった。

何かが玄関の引き戸をガタガタと揺らしている音が聞こえてきた。

（何だろうか……？）

訝しく思っていると、今度は廊下を何かが歩いてくる音が聞こえてくる。

それは普通の歩き方ではなく、壁や柱に掴まりながら慎重に一歩ずつこちらへと歩いてくる足音に聞こえた。

その家に住んでいるのは彼女の両親だけだったから、最初はその足音が両親のどちらかのものだろうと思っていた。

しかし、どう考えてもその足音は明らかに両親のものとは違っていた。

彼女は思い切って近づいてくる足音に向かって声を掛けようとした。

しかし、すぐに思いとどまった。

声を出す……つまり自分の居場所を相手に悟らせるようなことはまずいのではなかろうか。

そんな奇妙な確信が沸き上がってきた。

彼女はいざという時にすぐに逃げられるようにと、静かに息子さんを揺り起こそうとした。

しかし、どれだけ体を揺らしても息子さんが目を覚ますことはなかった。

いつもならば少し揺り動かすだけで目を覚ましてしまうほど息子さんの眠りは浅い。

しかし、この時にはどれだけ強く揺り動かしても息子さんは目を覚ますどころか何の反応も示さなかった。

まるでもう、永遠に目を覚まさないのではないかという不安に襲われてしまうほどに。

彼女は布団の中で息子さんを抱きしめたままじっと息を殺してその足音に集中した。

しかし、突然フッと足音が消えた。

そして耳元から女の声が聞こえた。


〈ここにいるよ……〉


その声には何の感情も感じられなかった。

まるで機械のような声。

そんな感じの声音だった。


彼女はその時、自分の体が動かせなくなっていることに気が付いた。

そして、何かが彼女の背中に覆いかぶさってくる。

とても冷たい顔と手だった。

これまで経験したことのない恐怖に、彼女の全身に鳥肌が走る。

それでも彼女は必死になって考えていた。

何とかして息子だけでも護らなければ……と。

そして全身に力を込めて何とか右手だけでも動かそうとした。

しかし、その刹那。

彼女の右手は冷たく細い手に掴まれてしまう。

その感触は骨のように固かった。

次の瞬間、彼女はまるで電池が切れたおもちゃのようにその場に崩れ落ち、そのまま意識を失った。


それからどれくらいの時間が経過しただろうか。

畳の上に顔を付けた状態で意識を取り戻した彼女は、慌てて起き上がると必死になって息子さんの姿を探した。

すると、息子さんは畳の上に正座するようにして座っていた。

そして、何かにお辞儀をするような動きを繰り返していた。

良かった……。

息子は無事だ。

そう思った刹那、息子さんが突然こちらを向いて、

「この子じゃない……お前だよ」


そう言った。

それを聞いた時、彼女はまたもやその場で意識を失った。


朝になり目が覚めると実家から逃げるようにして都会のマンションに戻っていった。

しかし、それからまるで夢遊病者のように真夜中に外を徘徊することが多くなり、ある時は高いマンションの踊り場から身を乗り出している状態で目が覚めた。

さすがに恐ろしくなった彼女はすぐに何か所かのお寺を回り、その一つで除霊をしてもらったそうなのだが、結局、その除霊には一年半ほどの長い時間が必要だったそうだ。

彼女はその時確かに、息子さんの隣に座る人外のモノを視てしまったようなのだが、どれだけ思い出そうとしてもその姿だけは思い出せないのだそうだ。

屋根の上

これはブログの女性読者さんから寄せられた話になる。

佐久間さんは群馬県の地方都市に住む五十代の主婦。

二人の息子たちは既に各々の家庭を持っており、現在は夫と二人きりで築三十年以上の古い一戸建てに住んでいる。

そんな彼女にとって、毎年、お盆や年末に泊まりに来るお孫さんたちに会うのが何よりの楽しみだった
そんなある年のお盆休み、いつものように家族で泊まりに来た二組の息子夫婦。

それぞれが一人の男の子を授かっており、お孫さん同士も毎年何度か会って一緒に遊べるのを楽しみにしていたようだ。

二泊三日の予定で泊まりに来ていたが、その年はいつもとは様子が違った。

いつもは遊ぶといっても部屋の中でお互いが持ってきたゲーム機でワイワイと楽しんでいたのだが、その年だけはなぜか二人のお孫さんたちはゲーム機を部屋に置いたまま外へ遊びに行っていたという。

心配した彼女が、「どこで何をして遊んでいたの？」と聞くと、

「地元の子供たちと一緒に遊んでいただけだよ、楽しかったよ」

と言うので、彼女もそれならば、とそれ以上は何も言わなかった。

ただ、疑問は残った。

その土地には既に子供がいる家など一軒もなかったのだ。

どの家にも年老いた夫婦や独り暮らしの老人が住んでいるだけ。

だから地元の子というのは孫たちの勘違いで、彼女の家と同じように、都会から帰省してきたどこかの家のお孫さんたちと一緒に遊んでいるのだろう、と思っていた。

それでも心のどこかに不安があった彼女は近所の家を回り、孫たちがどの家の子供と遊んでいるのか、それとなく探ってみることにした。

すると、どこの家にも帰省しているお孫さんなど一人もいないことが判明した。

確かに都市部に出ればそれなりに子供がいる家もあるのだろうが、彼女の家が建ってい

るのは山間の過疎地と呼べる場所だったから、徒歩で来るのだとしたら軽く二時間以上は掛かる。

（何かがおかしい……）

不審に思った彼女は、一度しっかりとお孫さんたちにどんな子供と何をして遊んでいるのかを厳しく問いただすことにした。

しかし、お孫さんたちは頑なにそれを拒んだ。

「だってさ、絶対に家の人には言わないって約束をしているんだ」

「言ってしまったらさ、もう遊んでもらえなくなるから……」

二人はそう返してくるばかりだった。

それでも彼女が涙を流しながら何度もお願いしていると、ようやくお孫さんたちは重い口を開いた。

どうやらお孫さんたちは同い年くらいの五人の子供と遊んでいるらしい。

女の子が三人と男の子が二人。

どの子供も珍しい色の着物を着ており、いつも家の敷地内で遊んでいる、ということだった。

色んな面白い遊びを知っており、毎日違う遊びを教えてくれるのだ、と。

しかし、彼女は家の敷地内で遊んでいるというお孫さんたちの声を一度も聞いたことはなかった。

それどころか、子供の声すら聞こえてきたことなど一度もなかった。

しかも、この御時世に着物を着ている子供？

嫌な予感を感じた彼女は、お孫さんたちに泣きながらもう二度とその子供たちと遊ばないでほしい、と懇願した。

すると、渋々ではあったが、二人のお孫さんたちもそれに同意してくれた。

それからはいつもの年のように家の中でゲームをして遊ぶようになった。

そんな孫たちの姿を見て、彼女もホッと胸を撫で下ろしていたという。

しかし、その日の夕方、二人のお孫さんたちの姿が見えないことに気付いた彼女は、慌てて家中を探して回った。

そしてちょうど二階の部屋を見て回っていた時、何かが地面に叩きつけられたような鈍い音が聞こえた。

嫌な予感がした彼女が二階の窓から庭を見ると、二人の孫が地面の上に倒れていた。

救急車で病院に搬送された二人のお孫さんたちは、命に別状はなかったが手足を骨折しており、腰も酷く打撲していたらしく、そのまま手術して入院することになった。

警察の現場検証によると二人の孫は自分の意志で屋根の上から飛び降りたようなのだが、実際どうやって屋根の上まで上ったか？ということについては警察も頭を捻《ひね》っていた。

そもそも家には屋根の上に上がれる階段などなかったし、梯子すらなかったのだから。

しかし、それから二人の孫たちは原因不明の高熱にうなされるようになり、数日間生死の境を彷徨《さまよ》うことになった。

何とか熱も下がり、意識を取り戻したお孫さんたちだったが、なぜか数日前からの記憶が揃って消えていた。

彼女は孫たちを危険な目に遭わせてしまったと自分を責める日々を送ったが、すぐに彼女たちにも怪異が起こり始めた。

二人の息子夫婦が帰っていき、いつものように夫と二人だけの生活に戻ったというのに、家の中から子供たちが笑ったりはしゃいだりする声が聞こえるようになったのだ。

それはどこから聞こえてくるのか最初は分からなかったが、何度も聞こえてくるうちにその声は床下や天井裏、使っていない部屋などその時その時で全く別の場所から聞こえてくることに気付いた。

彼らは声が聞こえるたびに、床下や空き部屋を急いで確認しに行ったが、どこにも子供の姿は見つけられなかった。

これはきっと生きている人間の仕業ではないと確信した彼女は、家の中に盛り塩をしたり、護符や御守りを壁中に貼り付けた。

お香も常に焚いておくようにしたらしいが、一向に子供たちの声が聞こえなくなることはなかった。

自分たち夫婦はともかくとして、大切な孫たちにまで大けがをさせた怪異。

彼女はある時、家中に聞こえる大きな声でこう叫んだという。

「この声が聞こえてるんでしょ？　私にはあんたたちが何をしたいのかが全く分からないの！　何かやりたいことがあるのならさっさとそれを済ませて、二度とこの家に現れないでちょうだい！」

だが、それから暫くして彼女は、その時の自分の行動を後悔してもしきれない状況に追い込まれてしまう。

彼女が姿の見えぬ存在に叫んでから一週間も経たないうちに、二人の孫たちが相次いで急死した。

死因は心不全。

どうやらその子供たちは二人の孫たちを連れていってしまった。

「なるほど……それがその子供たちのやりたいことだったのかもしれないですね」

俺がそう言うと、彼女は疲れ切ったか細い声で静かに否定した。

『いえ、それがそうでもないのかもしれません。あの声の主の子供たちがやりたかったことって孫たちを連れていくだけではなかったんだと思います」

「と、言うと……」

「実はその後、夫が屋根の上から飛び降りまして。幸い命には別状がなかったんですが、完全に寝たきりになってしまいました。最近は私一人があの家で暮らしているんですが、家の中にいるとずっと子供たちの楽しそうな声が聞こえるようになってしまって……」

あの子供たちはきっと、私も連れていきたいんでしょうね、と彼女は言う。

「だから私、最近ずっと考えているんです。あの子供たちがやりたかったことっていうのは、この家を根絶やしにすることだったんじゃないのかと。夫までもが屋根から飛び降りた後、どうしても何か原因を探りたくて、業者の方にお願いして屋根の上を隅々まで確認してもらったんです。そうしたら見たこともない子供の草履と、ペアになるように二人の孫と夫、そして私の靴の片方だけが置かれていたんです」

それでも孫たちが話してくれた子供の数は五人でした。

だから、私の次に少なくとももう一人連れていかれるのかもしれません。

そう呟いた彼女の声は明らかに恐怖で震えていた。

知らせ

吉本さんが生まれたのは山陰のとある集落。

市町村合併で町にはなったものの、以前は山間の集落として認知されていた。

ただそれなりに民家もあり、その土地に住んでいる人も多かったので、特に生活に困るほどの過疎ではなかったそうだ。

しかし、日本各地の田舎の例に漏れず、若者は高校卒業と同時にその土地を出ていく。

吉本さんもそうした一人なのだという。

彼は高校を卒業すると同時にその土地を離れ、関西の大学へ進学した。

そして大学卒業後は更に遠く東へ、東京の会社に就職した。

その理由は、少しでも生まれ故郷から距離を置きたかったからだという。

彼の両親や祖父母は、いまだにその土地に住んでいる。

彼の親戚もしかり。

別に生まれ故郷に変な風習や言い伝えがある訳でもなく、合併されて町になった今ではそれなりに生活の利便性も向上している。

コンビニができたし、近くにはそれなりの規模の商業施設まで誕生した。

山間の閑散とした過疎地だったその土地にもキャンプ場が作られ、自然散策に訪れる者も増えて、ある意味では観光地化しているとも言える。町おこしの成功例と言っていいだろう。

それでも、若者たちはその土地に戻ろうとはしない。

それどころか冠婚葬祭やお祭りなど、一時的な帰省ですら避けている。

彼もそうだ。

「できることならば、このまま死ぬまであの土地には戻りたくない……いや、戻らないつもりです」

そう断言した。

一体、どんな理由があってその土地に近づこうとしないのかと聞いてみると、彼は少し考えてこう答えてくれた。

「そうですね……その時がくるまでは、その土地のことは忘れていたいってことなのかもしれません」

正直、よく分からない。

〈その時〉というのは、どんな時を指して言っているのか。

少し興味を持った俺は、〈その時〉について更に詳しく彼に聞いてみた。

そうして話してくれたのが、これから書く内容になる。


彼の生まれ育ったその土地には一つの古い神社があった。

神社とはいっても名ばかりで、誰も参拝することもなかったし、神社を管理している神主らしき者もいなかったようだ。

そんな状態だったから神社は雑草に覆われ、見るも無残な状態に朽ち果てていた。

それを見た彼は気になり、一度だけその神社について両親に聞いてみたことがあるそうだ。

もっと神社を大切にしないと駄目なんじゃないの？　と。

すると、父も母も強張った顔で首を振った。

「あの神社は神様ではなく、別のモノを奉っているんだ。だからあの神社には近づいてはいけない。あの鳥居から中に入ってしまったら大変なことになるからな」

「あの神社にはね、もっと別の形でお供え物をするように決められているの。掃除なんかしなくてもいいし、管理する人も必要もないのよ」

彼はそれを聞いて、ますます首を捻った。

「でもさ、鳥居の中に人が入れないのにどうやってお供え物をするの？」

だが、その問い答えてくれる者はなかった。

彼が中学生の時、別のクラスの男子生徒が探検と称してその神社に向かった。

神社に対する禁忌は土地の子供らには知れ渡っていたので、同級生らは彼が戻ってきて神社の中がどうなっていたのかを聞かせてくれるのを楽しみにしていたという。

しかし、それを聞くことは叶わなかった。

彼はそのまま行方不明に、二度と戻ってくることはなかったからだ。

当然、警察による捜索がなされたが、警察でさえも神社の中には決して入らないように神社の周辺だけを捜索していたらしく、それは彼の目にも明らかに異様な光景に映った。

閉鎖的な田舎町ゆえそのような不自然な捜査が隠蔽されたのだろうが、そんな大人たちの及び腰の対応を見た彼はついあらぬ正義感を湧き上がらせてしまう。

一体何を怖がっているんだ？

警察も他の大人たちも神社の中を調べる気がないのなら、自分が神社の中を調べてやる、と。

そしてある日の昼間、彼は鳥居を潜って神社の境内へと侵入しようとした。

しかし、ちょうどその瞬間を大人たちに見つかってしまい、彼は酷い体罰を受けた。

「そんなに早く死にたいのか！　お前の軽はずみな行動が他の住民まで危険に晒すことになるのが分からんのか！」

彼は理解できぬ言葉で罵られ、殴られたり、転がされていた。

どうして神社の境内に入ることが死ぬことになるんだ？

それに、他の住民にまで危険が及ぶとはどういう意味なのか。

それほどまでに地元民が恐れる神社とは、一体何なのだろう。

大人たちはどこまであの神社のことを知っていて、俺たち子供に隠しているのだろうか……。

結局、彼はそれ以来二度とその神社に近づくことはしなかった。

その代わり、この土地を出ていけるようになったら、もう二度とここには戻らないと固く決心したそうだ。

そこまで聞いて俺は、我慢し切れずに疑問を口にした。

「あのさ、今聞いた内容からは〈その時〉の意味が想像もつかないんだけど……。結局〈その時〉って、どんな時のことを指してるの？」

すると、彼は大きく溜め息をついてこう返してきた。

「その土地の出身者には、必ず電話が掛かってくるんですよ。今回はあなたが選ばれました。七日後に死ぬことになりますって……」

それは家族からでも、親戚からでもない。

誰か知らない初老の男性から電話が掛かってくるという。

「電話が掛かってくる対象に、年齢や性別は関係ないみたいです。かなり早死にする場合もあるし、長生きの末に電話が掛かってくることもあります」

また、知らない声からの電話ではあるが、家族にもそれは告知されるらしい。

彼の父親が死んだ時にも、兄が死んだ時にも、それを知らせる電話が家族から掛かってきたという。

「これの最も恐ろしいところはですね、電話で自分の死を告知された者は皆、きっちりと七日後に亡くなっているということです。死因は病気だったり事故だったり突然死だったりと様々なんですが、不思議と自殺で死んだというパターンだけは聞いたことがないですね。だから、土地の者はせめて電話が掛かってくる〈その時〉までは、死に怯えずに普通に生きたいと、その土地からできるだけ離れようとするんです」

気休めですけどね、と彼は力なく笑ってこう続けた。

「でも、どれだけ離れた土地に行っても結果は変わらないんです。中には携帯を持たなかったり、固定電話を置かなかったりする者もいるみたいですけど、それも結果は同じです。勤務先に電話が掛かってきたり、それでも電話に出なければ夢の中で電話がなって無条件で自分の死を告知されることになるみたいですから」

果たして、神社とその電話には関係があるのだろうか。

彼に見解を聞いてみると、言葉を選びつつこう答えてくれた。

「電話による死の告知とあの神は、関係しているように思えてならないです。人身御供……みたいなものなんでしょうかね。あの神社に奉られている——いや、封印されているのが神ではないとしたら、それを鎮めるために……その土地に生を受けた者の命を生贄として捧げている——そんな風にしか考えられないんですよね……」

別に何歳までしか生きられないと決められている訳ではないというが、突然電話が掛かってきて、七日後に死ぬと言われる気分を想像すると、俺は言葉もなかった。

「それってもう、死刑囚と変わらないように思えるんです」

そう言った彼の顔はとても苦悶に満ちた表情をしていた。

妻の会社

俺の妻が事務員として勤務する会社は、金沢市内にある食品関係の会社。

その会社で昨年末に起きた怪異について書いてみたいと思う。

去年の暮れはちょうど新型コロナの感染者数が一時的に落ち着いた時期だった。

そのせいか妻の会社でも、部署ごとに小さな忘年会を開いていたようだ。

そのうちとある部署では、男性陣だけで金沢市内の温泉宿泊施設を予約し、泊まりがけの忘年会を開催したという。

妻が勤務する部署とは別の部署だったが、長い勤続年数を誇る妻にしてみれば、参加者全員の顔と名前はすぐに思い浮かんだそうだ。

温泉に浸かり、酒を飲んで日頃の憂さ晴らしをする。

本当に楽しい忘年会だったのだろう。

しかし、深夜にある事故が発生してしまう。

その温泉施設は二十四時間営業の天然温泉とサウナが売りになっているのだが、どうやらその部署の五十歳くらいの男性が泥酔した挙げ句、サウナと風呂に入りに行ってしまったらしい。

しかも、たった一人で……。

更にちょうどその時間帯には運悪く、その男性しか浴場にいなかったらしい。

結果として男性は浴槽の底に沈んでいる状態で発見された。

死因は心臓麻痺。

温泉施設で働く知人から聞いた話によれば、浴槽で人が亡くなっていない温泉旅館など存在しないらしいので、泥酔状態で入浴しての心臓麻痺というのは、決して珍しい事故ではないのかもしれない。

実際に警察がやって来たが、すぐに事件性はないと判断され、大掛かりな現場検証も行われなかったと聞く。

亡くなられた男性社員はそれなりに人望もあり、事故死の一報を聞いた者は皆、悲しみに暮れていたそうだ。

しかし、それから妻の会社では不可解な現象が起こり始めたのだ。

何人もの人が、その亡くなられた男性社員を仕事中に目撃するようになった。

ある者は社員食堂で。

またある者は駐車場や製造工場の中で。

目撃した人たちの中にはまだその男性が死亡したことを知らなかった者もいたようで、彼らはその男性に対していつものように話しかけてしまったという。

しかし、その男性はぼんやりとした顔つきで相槌を打つ仕草をするだけだった。

彼らはその男性が既に亡くなっていると知らされた際、信じられないという顔の後、全員が恐怖に顔を引き攣らせた。

さもありなんである。

死人と、いや死者の霊をそれほど間近ではっきりと目視し、更には声まで掛けることなどそうそうないだろう。

彼らは皆、口々にこう言った。

きっと最後のお別れに来てくれただけなんだろう、と。

しかし、どうやらその推測は明らかに違っていたようだ。

それからもその男性の霊は何度も会社に現れ続けた。

生前の彼を知っている人の前だけでなく、それこそ見境なしに現れる。

実際、彼の死をすぐに知り得た俺の妻の職場にもその男性は現れたという。

生前にはその部署に顔を出すことなどなかったそうなのだが、気が付くと事務所の隅っこに立っており、驚いて腰を上げた妻の目の前で、男性はゆっくりと消えていったそうだ。

正に会社の至る所で、時間帯に関係なく、のべつまくなしに現れる男性の霊に、さすがの会社も重い腰を上げた。

神社の神主を呼んで、会社の至る所を清めてもらったのだ。

更には結界を張る目的で盛り塩がされ、社員はそれぞれ、神社から配布された御守りを肌身離さず持ち歩くようになった。

しかし、それからもその男性の霊が現れなくなることはなかった。

そのうち、男性が勤務していた部署で、ある不可思議な現象が見つかった。

実はその男性が亡くなられてからも「寂しいだろうから」という理由で、その男性の夕イムカードが生前のように並べられていたそうで、その男性のタイムカードが毎日しっかりと朝と夕方に押されていたのである。

勿論、その部署の誰もそんなことをした記憶はなかった。

だとすれば、死んだその男性が自ら押したとしか考えられなかった。

だから、すぐにその男性のタイムカードを抜いて机の中にしまい、空いてしまったスペースを埋めるようにタイムカードを並べ直した。

しかし、翌朝になると、またその男性のタイムカードが当たり前のように並んでいた。

その部署の全員が、初めて体験する怪異に騒然となった。

しかしその男性は本当に皆から好かれていたのかもしれない。

そんなことが起こっても、誰もその男性のタイムカードを捨ててしまおうとは言い出さなかった。

ずっと一緒に働いてきた仲間だから……と。

あんな良い人の存在を消してしまうなんてできない。

皆がそんな気持ちだったそうだ。

しかし、その話を聞いた神主は冷静にこう告げたそうだ。

「そのタイムカードは持ち帰って清めます。そうしないといつか悪いことが起こるかもしれません」と。

そして、そのタイムカードを持ち帰った神主は、そのタイムカード一枚のために、一昼夜祈祷を続けた。

すると、その夜。男性が生前独りで住んでいた住宅から出火があり、建物が全焼してしまった。

タイムカードと家の火事に何の関連性があるのかは分からない。

ただそれ以来、その男性の霊が会社内に現れることはなくなったそうだ。

今から帰ります

これは取引先の男性から聞かせていただいた話になる。

和中さんは二年ほど前にこちらに転勤でやってきたが、それまでは関西の支店に勤務していた。

彼も俺と同じく営業職なのだが、以前勤務していた関西の支店はなぜかとても規模が小さく、社員も事務員と合わせて五人ほどしかいなかった。

それでいて、それなりのノルマは課せられていたらしく、本当に朝から晩まで働き詰めの毎日だったようだ。

これから書くのは、そんな彼が東京の本社から関西の支店に転勤になり、三カ月ほど経ってから体験した怪異である。

その頃の和中さんは、少しずつその土地独特の環境にも慣れてきて、お得意先にもそれなりの対応ができるようになっていた。

しかし本社勤務が長かった彼にとって、思惑が外れたことが一つだけあった。

それは事務員さんがパート勤務であり、事務作業以外は一切やろうとはせず、簡単な見積もりすらも作ってはくれないということだった。

本社には各部署に営業事務と呼ばれる女性が数人おり、難しい見積もり以外はわざわざ会社に戻らなくても、電話やスマホで指示するだけで全て終わらせてくれていたのだから、彼が戸惑うのも無理はなかった。

ただ彼にしてみても、外回りの途中にわざわざ見積もり作るために会社に戻ってくる余裕などなかった。

だから、彼はいつも夕方に帰社してから、全ての見積もりを自分で作らなければならず、その作業を全て終えて会社を出るのはいつも午後十時近くになっていた。

しかし、不思議だったのは他にも三人の営業がいたのだが、彼らが残業をしているのを見たことが一度もないということだった。

どうやったらあんな風に残業をしなくても仕事がこなせるようになるのだろうか……。

彼はいつも不思議に思っていたらしいが、実はどんなことがあろうと絶対に残業だけはしたくないという理由があったことを彼は後になって知ることになる。


ある日、彼はかなり大口の見積もりを依頼され、すっかり有頂天になっていた。

ただ、自分一人で資料や数字を計算し、分厚い見積書を作らなければいけないことを考えると、少し憂鬱にもなっていた。

だから、その日はできるだけ早めに会社に戻って、資料と見積もりの作成に取り掛かることにした。

すると上司が帰りがけに彼に声を掛けてきた。

『忙しそうだね。何か大変みたいだけど、午前零時を回ることはないよな？」と。

彼は正直に、

「ええ、私もできるだけ早く片付けて今日中には帰りたいと思っていますが、見積もり作業の進捗次第というところですかね」

と返したという。

すると、いつもは温和な上司が少し厳しい顔になってこう言った。

「できるだけじゃなく、絶対に午前零時になる前に会社を出なさい！　どうしても残業が午前零時までに終わらなかったら、とにかく掛かってきた電話には必ず出るんだ。面倒臭いとか思わずに必ず！　そして電話に出たらこう言うんだ『そのまま直帰してください』ってな！　余計なことは話さなくていいし、相手の話を聞く必要もない。そうしないと大変なことになる」と
彼は上司がまくし立てる言葉の意味が全く理解できなかった。

が、さっさと見積もりの準備に取り掛かりたかった彼は、「分かりました！」とだけ返事をして、適当にあしらった。

すると上司はなぜか申し訳なさそうな顔になり、

「すまんな……何も助けてあげられなくて」

とだけ言い残すと、そそくさとタイムカードを押して退社していった。

その時には他の同僚が一人だけ残っていたが、午後七時を回った頃には退社していき、彼は完全に事務所に一人きりになった。

本当にこの事務所は全員帰るのが早いよな……。

まあ、ある意味では良い会社なのかもしれんが。

一人事務所に残された彼はそんなことを思っていた。

しかし彼にとって一人残業はいつものことであり、逆に事務所に誰もいないことで見積もり作成にもより一層集中できた。

そのせいか、思っていたよりも早く見積書はできあがった。

しかし、思っていた以上に金額が高価になってしまい、彼はもう少し金額を抑えるために、細部のチェックを始めた。

ふと気が付くと、時計の針はもうすぐ午前零時になるところだった。

しかし、彼にとってはそんなことはどうでもよかった。

確かに上司には早めに帰るように釘を刺され、訳の分からないアドバイスまでされていたが、たとえ徹夜になったとしても今夜は、この見積書を完成させるつもりだった。

何より営業マンとして、無理をするだけの価値がある金額の案件だったから。

このままこの見積書が採用されれば、彼自身のノルマもかなり楽になるだろう。それくらい大口の案件だった。

その時、突然電話が鳴った。

しかし必死に電卓を叩いて細かい計算をしていた彼は、その電話には出なかった。

深夜に掛かってくる電話など、緊急のクレームかトラブルに決まっている。

今はたとえ短時間であってもそんなものに対応している余裕はなかったし、その時の彼にとっては、見積もり作業の邪魔でしかなかった。

何度か電話が掛かってきたが、その後も彼が電話に出ることはなく、数コールすると電話は切れた。

そんなことを何回か繰り返していた時、彼はふと上司の言葉を思い出した。

「掛かってきた電話には必ず出るんだ！」

その時の上司の顔は明らかに真剣だった。

そして、彼の身を案じてくれているように感じられた。

（このまま電話に出なかったら……やっぱりマズイよな？）

そう思った彼は、またすぐに掛かってきた電話に慌てて受話器を取った。

「はい、○○○○エンジニアリングです」

しかし受話器の向こうからは何も聞こえてはこなかった。

彼は少しイラっとして、

「もしもし！　もしかしていたずら電話ですか？」

と語気を強めた。

すると、電話の向こうからは、か細い男の声で
「これから戻ります……」

と聞こえてきた。

しかし、その男性の声に聞き覚えはなかったし、何より他の同僚や上司は全員タイムカードを押して退社しており、誰かが会社に戻ってくるはずはなかった。

だから彼は、

「あの、間違い電話ですかね？　失礼ですけど、お名前は？」

と聞き返した。

すると電話は無言で切れてしまった。

(何なんだよ、ほんとに！　こっちはいたずら電話の相手なんかしてる暇はないんだよ！)

彼は少しイラついたまま、再び見積もり作業に戻った。

そして、電話が切れてから一分も経たない頃に、突然入り口の玄関チャイムが鳴った。

彼はもう、これ以上仕事の邪魔をされてはたまらないと思い、チャイムの音を無視して

仕事を続けた。

するとと今度は玄関のガラス戸をバンバンと手で叩くような音が聞こえてきた。

それでも無視して仕事を続けていると、今度は廊下の壁がバンバンと叩かれる音が聞こえてきた。

それでも無視して仕事を続けていた彼は、きっと疲れで正常な判断ができなくなっていたのかもしれない。

やがて彼が仕事をしている事務所の引き戸を、鋭利なもので引っ掻くような音が聞こえてきた。


何なんだ？

誰かが社内に入ってきているのか？


さすがの彼も仕事の手を止めてその場で固まり、じっと引き戸のほうを凝視し聞き耳を立てた。

すると、今度は事務所の壁に掛けられている絵画が床に落ち、整然と並んでいる事務机の上に置かれている電話機が、何かに弾き飛ばされるようにして床に落ちた。
（な、何なんだ……これは？　何が起こってる？）
どれだけ考えても答えは何も浮かばなかった。
ただ、感じていたのは漠然と二つ。
もしかしたら自分は今、とても危険な状態にあるのではないか？
もしかしたらこれは、霊障という奴なのか？
ということだった。
その刹那、彼は何かの気配を背後に感じた。
椅子に座り、机に向かって仕事をしている自分のすぐ後ろに誰かが立っている。
それは体験した彼にしか説明できない、リアルな恐怖だった。

〈タダイマ、モドリマシタ……〉

まるで機械仕掛けの人形のような声だった。
すると今度は冷たい何かが二本、彼の肩の上に置かれたのを感じた。

とても軽く感じたが、彼にはそれが氷のように冷たい二本の手なのだとはっきりと分かった。

彼の体は小刻みに震えだし、やがて自分でもはっきり分かるほどの大きな震えとなって、どんどん恐怖を増幅していく。

俺はどうなるんだ？　どうすれば助かる？

そればかりが頭の中を回る。

その時、ハッと上司の言葉を思い出した。

「そのまま、直帰してください……」

彼は絞り出すような声でそう呟いた。

すると、肩がスッと軽くなるのを感じ、開けてもいない入り口の引き戸が閉まる音が聞こえた。

彼はその一部始終を見てしまい、本当ならばすぐにその場から逃げ出したかったが腰が抜けたように暫くはその場から一歩も動けなくなっていた。

結局彼は固まったまま、身動きもできずに朝を迎えた。

そして、同僚が出社してきたのを見て、彼は全身の力が抜けその場に崩れ落ちた。

机の上の電話機が、全て床に落下しているのを見て同僚は慌てていたが、上司は落ち着いた口調で、

「まさか本当に徹夜したのか？　だが、俺の言うことはしっかり守ってくれたみたいだな。まあ無事に生きてるんだからそういうことだ」

とだけ言って、通常業務に入ったそうだ。

ちなみにその後、彼が調べてみたところ、彼が赴任する前にその支店で亡くなった者は一人もおらず、過去に何らかの事件も起きてはいなかった。

その後は彼もできるだけ残業はしないようにしていたが、やむを得ず午前零時を回って残業しなくてはいけない時にもやはり、その電話は掛かってきた。

しかし、すぐに「そのまま直帰してください」とだけ言うようにしていると、怪異は起

こらず安全に残業ができたそうだ。

ただ、電話を掛けてくる男性が何者なのか？

どこに直帰しているのか？

その疑問は、関西の支店から離れた今となっては、永久に分からないままなのだという。

登山パーティ

これは登山を趣味にしている知人から聞いた話になる。

知人の登山仲間に、沢渡さんという方がいたらしいのだが、その方は経験豊富で登山技術も素晴らしく、数々の難所も乗り越えてきた実績があるというのに、突然登山をきっぱりとやめてしまったらしい。

これはその沢渡さんが体験した登山をやめるきっかけになった怪異について書いたものになる。

沢渡さんはその時、冬の北アルプスへ登っていた。

いつもは気心の知れた登山仲間たちと一緒に山を登ることが多かったし、特に冬山登山に関しては、その危険度からできるだけグループでの登山を計画するようにしていた。

しかし、その時はなぜか無性に冬山登山を単独で強行したくなったのだという。

勿論、過去にも幾つかの冬山を単独で登ったことはあった。

だから、パーティでの登山、単独での登山のメリット、デメリットは十分に把握しているつもりだった。

それでも突然、単独で冬山に登りたくなったことが、後で考えればもうそこからしておかしかったというか、自分でも本当に不思議だという。

沢渡さんは、単独の冬山登山の場所に、過去に何回か冬に登ったことがある北アルプスを選んだ。

できるだけリスクを少なくするために。

未経験の冬山に単独で登ることは自殺行為だということは十分理解していたし、そこまでは理性を失っていなかった。

リスクを少なくするために天候にも十分配慮し、持っていく荷物も熟考して厳選した。

そして、冬の晴れ間が数日間続く予報の初日に、満を持して沢渡さんは山に入った。

天気予報の通り、初日は終始晴天に恵まれて順調にルートを進んで一日を終えることができた。

ただ、なぜかその時には他の登山者の姿はおろか、足跡さえ見つけることができなかった。

通常は冬山登山というのは登山愛好家からすればかなりの人気であり、数日間晴天が続くのであれば、複数の登山パーティがいても不思議ではなかった。

しかし、沢渡さんはその状況を不安には感じず、逆に嬉しく思った。

単独で登山に来て、他の登山者が一人もいない冬山に登れるチャンスなど滅多にあることではなかった。

だから誰もいない冬山は沢渡さんにとって、正に願ってもない状況だったようだ。

澄み切った空気と、足跡の付いていない雪原。

正に憧れ続けたシチュエーションに他ならなかった。

そんな感じで山に入って一日目は、星空が広がる下でテントを張り、快適に眠りに就くことができた。

翌朝も天候に恵まれ、暗い中テントを撤収し、予定の登山ルートを登り始める。

歩いているうちに朝日が昇ってきて、とても幻想的な光景になる。清い光に酔いしれながら、沢渡さんは快調に歩き続けた。

正に理想的な登山ペースだった。


しかし、そんな晴天が正午を超えた頃から一気に豹変した。

空がどんどん暗くなっていき、昼間だというのに薄暗く、吹雪によって自分がどの方向を向き、どこに進んでいるのかすら把握できなくなってしまった。

天気予報が外れるなど冬山ではよくあることだったが、その時の天候の激変は異常なもので、瞬く間に積雪が多くなっていき、ホワイトアウトの状態になった。

それは沢渡さんがそれまで経験したことのないほどに酷い状況だった。

すぐにどこかに避難して体力を温存しなければ命に関わる——。

そう思ったという。

GPSが装備された腕時計のおかげで、自分の現在地は把握できた。

方向さえ間違わなければ、一番近い山小屋まで何とか一時間くらいで辿り着けそうなことが分かった。

沢渡さんは迷うことなくルートを外れ、山小屋に向かって歩きだした。

このまま予定の登山ルートを進んでも、その場に立ち止まっていても、どちらにしても死を待つだけだ、と判断した。

瞬く間に積もっていく雪に足を取られながらも、懸命に腕時計で方向を確認し、山小屋を目指した。

しかしたった十メートル進むのに、下手をすれば二十分以上掛かるような雪嵐である。

途中何度も挫折しかけながら、沢渡さんは二時間以上掛けてやっと山小屋に到着した。

その時なぜか、山小屋の周りにだけは深い積雪はなく、うっすらと雪が積もっている程度だったという。

そしてうっすらと積もったその雪の上に、はっきりと登山靴らしき足跡が残っていた。

(誰か他の人も避難しているのか?)

そう思いながら入り口のドアをノックし、「失礼します」と声を掛けて山小屋の中へと入った。

山小屋の中は薄暗く、しんと静まり返っており、誰かがいる気配は全く感じ取れなかった。

何だ、誰もいないのか……。

沢渡さんはそう思うとその場に倒れ込むようにして横になった。

それまで感じたことがないほどの疲労を感じていた。

しかし、すぐに彼は寝袋を出してその中にもぐり込み、まずは暖を取った。

これほど疲れているのだから万が一そのまま寝入ってしまったら、それこそ凍死してしまう。

山小屋の中には大きな薪ストーブが置かれていた。

だからできることならその薪ストーブで暖まりたかったが、残念ながら山小屋の中には備え付けの薪も火種も置かれてはいなかった。

だが外の寒さに比べれば、山小屋の中は天国だ。

気持ちが落ち着いてきた沢渡さんは、何とか命だけは助かるかもしれないと、ホッと胸を撫で下ろした。

沢渡さんはリュックから飲み物と携帯食を取り出すと、貪るように食べた。

そうして一息つくと、今度は酷い睡魔に襲われてしまい、そのまま寝袋に包まって横になった。

すぐに深い眠りに落ちた。

それからどれだけの時間が経ったのだろうか……。

沢渡さんは突然何かの気配を感じて目を覚ました。

それは、刺すような鋭い視線だった。

既に夜になっていたらしく、山小屋の中は真っ暗で何も見えなかったが、確かに何者かの視線を強く感じたそうだ。

ハッとして起き上がろうとするも、体の自由が利かなかった。

沢渡さんは何も視えない暗闇に向かって、しっかりと目を開け続けた。

早く暗闇に目を慣らして、視界が確保できるようにならなければと必死だった。

それほど不気味な感覚に襲われていた。

そうしていると次第に暗闇の中でもぼんやりと辺りが見えるようになってきた。

横になったまま山小屋の中を見渡すと、薪ストーブを取り囲むようにして何人もの登山者の姿をした男たちが輪になって座っていた。

それぞれがストーブのほうに体を向けながら、首だけをこちらに向けてじっと沢渡さんを見つめていた。

その視線はとても嫌なものに感じた。

それと同時に、彼らが周りを囲むようにして座っている薪ストーブに火が点いていないことにぞっとした。

ストーブには火が点いていない。

なのに……この人たちはストーブを囲んで何をしているんだ？

そう思ったが、どれだけ話しかけようとしても、やはり声は出せなかった。

それよりも寝袋に包まっているというのに先程から体の震えが止まらなかった。

そのうちに沢渡さんは自分の体が震えているのは寒さのせいではなく、何かに怯えているからだということに気が付いた。

彼が怯える対象。それは間違いなく、この小屋の中にいて、じっとこちらを見つめている彼らの存在である。

沢渡さんは声が出せない状態で必死に考えていた。

自分はなぜ彼らに怯えているのだろうか？

その時ふと、沢渡さんの脳裏に嫌な考えが浮かんだ。

こんな大勢で登山をし、悪天候でこの山小屋に避難してきたのだとしたら、どうしてこいつらは担いでいる荷物も下ろさないんだ？

火の点いていないストーブになぜ当たっているんだ？

何より、これだけ多くの人数なのに、山小屋の中には自分の呼吸音しか聞こえない。

更には自分はなぜか身動きが全く取れなくなっており、声も出せない状態になってしまっている。

もしもこれが、俗に言う金縛りというものなのだとしたら。

だとすれば、目の前にいるこいつらは生きている人間ではないのではないか。

自分は今、霊現象に襲われているのではないか。

見たところ彼らは六人グループだった。

しかも、それぞれがバラバラな服装をしていた。

真冬の登山装備の者もいれば、まるで夏登山のような服装の者もいた。

そしてもう一度しっかりと耳に神経を集中させてみたが、やはり聞こえてくるのは自分がほんの少しだけ体をずらした音だったり、呼吸音や心臓の鼓動だけだった。

彼は更に目を凝らして彼らの様子を探る。

すると重大なことに気が付いた。

彼らの誰一人として、口や鼻から白い息を吐いているものがいなかった。

自分の息は真っ白になって口や鼻から吐き出され続けている。

だとしたら彼らは呼吸そのものをしていないということになる。

とその刹那、彼らの中の一人が彼に這ったまま近づいてきた。

そして彼に体をピッタリとくっ付けるようにして横たわった。

彼は、目の前の呼吸すらしていない者が動いたこと。

更にはその体を、自分に添い寝するようにくっ付けてきたことの恐怖で、息が止まりそうだった。

感じていた。

火のないストーブを囲んでいた彼らは、それから一人、また一人と、這いつくばるように近づいてきては、彼にピッタリと体を寄せてきた。

そして、全員が彼に体を添わせた時点で、彼の視界は完全に奪われた。

いや、目の前には誰かの背中があったそうだが、彼は恐怖で目を閉じるしかなかった。

そして、彼の体は急速に冷たくなっていくのが分かった。

彼に添い寝してきたモノたちの体は異様に冷たく、その冷たさが彼の体温を奪っていく。

遠くなる意識の中で彼はいよいよ死を覚悟した。

彼らはきっとこの山で凍死した登山者なのだろう……。

そして俺を、道連れにしようとしているんだろう……。

そんなことを考えながら彼はそのまま意識を失ってしまった。

眠ったら死んでしまうという常識など、もうどうでもよかった。

とにかく眠って楽になりたい…。

この恐怖から解放されたい。

そう思いながらそのまま意識を手放していた。


次に彼が目覚めたのは、病院のベッドの上だった。

彼がその山小屋に避難してから何と三日が経過していた。

体の色んな箇所を凍傷で失うことになったが、それでも彼は何とか一命を取り留めた。

それから一年ほど掛かって病院を退院した彼に、登山仲間たちはまた山に行こうと誘ってきたが、彼は二度と山に近づくつもりはないと言って断った。

そして最後にこう言っていたそうだ。

「山男っていうのは死んでも誰かを助けたいと思うものだと思っていましたが、違いますね。あの夜、あの山小屋で遭遇したあの世の登山者たちは、俺を助けようとはしてくれなかった。そういう繋がりや安心感がなくなった今となっては、もう恐ろしくて山には登れませんね」と。

乳母車

その時、樋渡さんは異世界に迷い込んでいたのかもしれない。

オフロード車でのクロスカントリーを趣味としている知人に影響され、彼も中古のオフロード車を購入した。

最初は休日のイベントや走行会に参加する程度だったが、そのうち一人で廃道を探索したくなってきた。

最初はそれなりに道幅のある舗装路を選んで走っていたが、慣れてくるにしたがってかなり酷い状況の廃道にも分け入るようになっていく。

その日彼が選んだのは、二十年以上前に廃業したスキー場へと続く道。

最初は傾斜が緩やかな舗装路が続いていたが、徐々に舗装路が途切れだし、閉鎖されているスキー場の入場ゲートの前に来る頃には完全に砂利道になっていた。

普通ならばそこで引き返すのかもしれないが、そこまでの道のりがかなり順調だったこともあり、彼は想定外の行動に出てしまう。彼の車はオフロードに特化した車であるが、彼はその車のタイヤサイズを大きくし、更にオフロード専用タイヤを履いて車高を上げていた。だから、その車の性能を確認したかったのかもしれない。

彼は、閉鎖されている入場ゲートの横に、車一台分程度の隙間を見つけてると、ゆっくりと車を発進させ、そのまま前へと進んでいった。

かつてそこにはしっかりとした道があったことを証明するかのように。雑草が生い茂った下には舗装路らしき道が確認できた。

彼は鋭利な石や木の枝でタイヤがパンクすることだけに注意しながら、ゆっくりとゆっくりと進んでいった。

暫く進んでいくと突然大きく開けた場所に出た。

辺りを見回していると、そこから更に奥のほうへと大きな砂利道が続いているのが確認できた。かつてはスキー場だったのだから、この道は間違いなくどこかの道に繋がっているはず。

そう思った彼は、再び車を発進させてゆっくりと砂利道を奥へと進んでいった。

先ほどまでの道とは違い、雑草が生い茂って道が判別できないこともなかったし、途中に迷うような分岐点もなかったから、彼に不安はなかった。

強いて言えば、その道はずっと緩やかに登り続けており、もしも行き止まりでUターンするスペースがなかったらどうしようかと考える程度だった。

どれだけその道を進んだだろうか。

幾ら走っても同じ景色が続いていることにさすがに不安を覚えた彼は、一旦停止して自分の現在地をスマホで確認しようとした。

だが、スマホには圏外と表示されており、彼は渋々今走ってきた道を戻ることにした。

初めて走る山道なのにいざという時に携帯が繋がらないのは不安でしかなかった。

しかし、Uターンして道を戻り始めると今さっき通ってきた道なのに、まるで初めて通る山道のように感じられた。

道の左右には見たこともないような独特の風景が続いており、それも彼を不安にさせた。

先ほどまで緩い上り坂道を走っていたのだから、Uターンして戻っている時には、反対に緩い下り坂になるはずだった。しかし、車はずっと緩い上り坂を走り続けている。

絶対に何かがおかしい。

彼はその場で立ち止まって車から降りると、辺りの様子を注意深く観察した。

すると、先ほどまではポカポカと暖かい晴天だったというのに、気が付けば車の外はどんよりと曇り、空気も重く肌寒くなっていた。

一番違和感を覚えたのは、山の中にいるというのに、虫の音も風の音も聞こえてこないということ。

彼は耳が痛くなるほどの静寂の中にいた。

(何なんだ……この場所は？　まるで異次元にいるみたいじゃないか？)

そう感じて思わず身震いしてしまう。

その刹那。

カラカラ……カラカラ……。

何かを引いたり押したりしているような音が、彼の耳になだれ込んできた。

突然聞こえだしたその音はとても大きく、まるで耳のすぐ後ろから聞こえてくるように感じた。

彼は思わず音の聞こえてくるほうを凝視した。

誰か人間がいるのならばそれはそれで安心できた。

しかし、その時の彼にはそこまで考える余裕はなかった。

彼は恐怖に固まったまま、じっとその音の主が現れるのを待った。

いや、その場から動けなかったと言ったほうが的確かもしれない。

暫くして彼の視界の中に現れたのは一台の乳母車だった。

それもどう見ても現代の乳母車には見えなかった。

まるで時代劇の中に出てくるような、全てが木で造られた乳母車。

その古い木製の乳母車を、中年の女性が押していた。

女性はワンピースのような服を着ていたが、酷く汚れていて所々が破れて肌が露出していた。

彼は最初にこう思った。

きっとこの近くに住んでいる人なんだろうな。

古い乳母車を大切に使い続けているんだろう……と。

しかし冷静に考えてみれば、そんなことはあり得ないと気付く。

気付いた途端に、全ては恐怖へ変わっていく。

どうしてこんな所に乳母車を押した女性がいるんだ？

車でやってくるのさえ大変な場所なのに……。

それに、こんな砂利道を乳母車を押しながら進めるものなのか？

そう思った時、彼はその乳母車が全く揺れず、まるで氷の上を滑っているかのような不自然な動きであることに気が付いた。

その瞬間、彼の生存本能は恐怖心を凌駕したのだろう。

何とか体を動かして車の中へ避難すると、全ての窓を閉めドアをロックした。

しかし、そんな彼の動きなど気にも留めないように乳母車は進み続け、彼の車のすぐ傍までやってきたという。

このまま何事もなく通り過ぎてくれ……！

しかし、彼の願いが聞き届けられることはなかった。

乳母車は運転席のすぐ横で停止した。

そして女は、彼のほうを見てニンマリと笑ったという。

その時初めて分かった。

女の顔には眼球というものがなく、歯も全て抜け落ちていた。

女はゆっくりと乳母車の中へ手を差し入れると、そのまま何かを愛おしそうに抱きかかえ、彼のほうへと見せてきた。

女の腕に抱かれていたのは黒くて小さな塊だった。

塊は何やらもぞもぞと動いている。

それが何かははっきりとは分からなかったが、それを見た瞬間、彼は体中に鳥肌が立ち、背筋に冷たい痛みを感じてそのまま意識を失った。


次に彼が目を覚ました時、見知らぬ男性の顔が目の前にあった。

彼は高い崖の上から飛び降りようとしていたところを偶然通りかかった林業関係の男性に助けられた。

ただ、彼が飛び降りようとしていた場所は、彼が車を停止させた場所からはかなり離れた別の山であり、徒歩で移動するならどう考えても二日は掛かるような離れた場所だった。

そんな場所へ車も使わずにどうやって一時間程度で辿り着くことができたのかは、いまだに謎のままだという。

そして、この話はこれで終わらない。

男性に助けられて何とか無事に下山した彼だったが、なぜか山中で迷っていたはずの彼の車は、あの乳母車を見た山の麓の駐車場に停められていた。

車のキーは彼のズボンのポケットに入ったままだったというのに……。

以来、彼には一日に何度もあの乳母車を押す音が聞こえるようになってしまった。

家にいても、仕事をしていても。

最近では音だけでなく、乳母車を押すあの女の姿が視界の端に見えてしまうようになってしまっていた。

神社やお寺でお祓いを受けてもその状況は変わっておらず、彼はもうすぐ自分はあの親子に連れていかれるのではないかと怯えている。

近づいてはいけない

これはブログの読者さんから寄せられた話になる。

田嶋さんはある意味では廃墟マニアなのだろう。

ただ彼が行くのはいつでも廃止されたトンネルだった。

すぐ横に新しいトンネルができたために閉鎖されたトンネルや、何か別の理由で廃止になってしまったトンネル。

トンネルだから入り口と出口がある。

つまり廃トンネルを見つけたらその反対側には必ず出口がある訳で、その出口の先にどのような風景が広がっているのだろうと想像することに、大きなロマンを感じているのだそうだ。

だから彼は仕事中もプライベートでも常にアンテナを張り巡らせて、廃トンネルを探している。

そんな彼には以前からとても気になっているトンネルがあった。

県道からかなり離れた場所にぽっかりと開いたトンネルは、入り口がレンガ造りの壁で覆われておりそこに草木が生い茂りその様相は彼の好奇心を強く刺激した。

とても古い廃トンネルであることに間違いはなかったが、古い資料で調べてもそのトンネルに関する記述は殆ど残されていなかった。

それが更に彼の興味をそそったことは想像に難くない。

ただ何度かトンネルが見渡せる山道まで行き、車から降りてそのトンネルに向かうルートを探そうとしたが、どれだけ見回してもそのトンネルに続くルートが確認できなかった。

しかし、それでも彼のその古いトンネルに掛ける好奇心は収まることはなかった。

道がないのならば造ればいいんじゃないか?

僕が草木を押し分けて進んだルーこそが道になるんじゃないか。

そう思った彼は、ある日曜日の早朝から、そのトンネルがある田舎の山道へと向かった。

近くの休憩所に車を駐めて彼は歩きだす。

ヘビなどがいる可能性が高かったので、川釣りに使うゴム製のオーバーオールを知人から借りて着用するという徹底ぶりであった。

後は邪魔にならない程度の荷物と、愛用のカメラだけを持っていった。

道から苦労して田んぼに降りると、そこから延々と続いている長い背丈の草木をサバイバルナイフで掻き分けながら慎重に進む。

上半身にはしっかりと長袖を着ていたが、それでも草木の棘《とげ》が容赦なく彼の腕を傷つけた。

しかし、そんな痛みなど彼には全く気にならなかった。

そうやって歩いていると、少しずつではあるが、確実にトンネルの入り口が近づいているのが実感できたし、彼にとっては痛みなど忘れるほどに楽しい時間だった。

そんなことを一時間以上続けていると、やがてトンネルの入り口まで辿り着いた。

彼はすぐにでも歓喜の声を上げながらトンネルの中へと突入したかったが、敢えてそうはしなかった。

すぐ目の前で見る廃トンネルはとても大きく、そして不気味に思えた。

一度入ったら二度と出てこられないような不安に襲われてしまった。

廃トンネルを前にして臆するなど、今まで経験したことがなかったので己の感情に戸惑ってしまう。

しかし、苦労して何とか入り口まで辿り着いた廃トンネルをこのまま断念する訳にはいかなかった。

彼は意を決すると、そのままトンネルの中へとゆっくりと入っていった。

トンネルの中には当然のことながら明かりなど一つもなかった。

彼はいつも愛用している大型の懐中電灯を取り出して、トンネル内を照らした。

トンネルの中は外に比べて意外なほど何もなかった。

なぜか草木も僅かに生えているだけで、延々とレンガ造りのトンネルが奥の奥まで続いている。

そして、もう一つ分かったことがあった。

それは線路の幅から、そのトンネルが昔は汽車のトンネルとして利用されていたものだ、ということだった。

しかも、どこまでも続いているレールは少し錆びてはいたが、今すぐにでも電車が走れそうなほどに綺麗な状態を保っていた。

もうずっと使われていないはずなのに、どうしてこんなに保存状態がいいんだ?

更に興味を掻き立てられた彼は、先ほどまで感じていた恐怖などすっかり忘れもっと奥まで進んでみることにした。

どれだけ歩いただろうか。

レールの上を延々と歩き続けた彼は、その頃には振り返っても最初に入ってきたトンネルの入り口が見えない場所まで来ていた。

まっすぐで平坦なトンネルならばずっと入り口が確認できるはずだったが、やはり傾斜が付いていたり少しずつカーブがついしたりしているんだろうな……。

彼はそう思った。

入り口が見えなくなるとさすがに心細くなってくる。

それまで彼は真っ暗なトンネルの中を一人きりで三十分以上歩き続けていた。

このトンネルは一体どこまで続いているか、見当も付かなかった。

もしかしたら、このトンネルは予想以上に長いのかもしれないな……。

そう思った彼は、もう少し進んだ地点にあるカーブの先が見渡せる所まで進んでみて引き返そうと決めた。

どうせその先にも真っ暗なトンネルが延々と続いているだけだろう……。

そう思っていた。

しかし、トンネル内のカーブを進んでいった彼は思わずその場で立ち尽くした。

その場所から五十メートルもない地点にトンネルの出口が見えた。

そして、そのトンネルの出口の先は眩しい光に溢れており、白く抜けるばかりで全く景色が見通せなかった。

彼は急ぎ足でトンネルの出口へと進んだ。

そこで彼の眼前に広がっていたのは、何やら不思議な光景であった。

彼は一目見てそれが現在の日本ではないと感じたという。

どこまでも続く田園風景には、人の姿は見えなかった。

人どころか、のどかな風景の中に家屋というものは存在していなかった。

そしてトンネルから見える景色自体が、ゆらゆらと蜃気楼のように揺れているように見えた。

これが、天国という奴なのか……？

彼はすぐにそう思った。

ただ不思議なのは、ここが現世ではないのではないかという疑念を持ちながらも、なぜか恐怖というものは一切感じてはいなかった。

それどころか、懐かしさのようなものが感じられて、思わずトンネルの出口からその景色の中へ足を踏み出したくなってしまった。

だが、どうしてもトンネルの出口から一歩出る勇気は湧き上がってはこなかった。

頭の中では好奇心がどんどん大きくなっていたが、心の中、いや彼の生存本能そのものが「駄目だ、入ってはいけない……」と危険を知らせていた。

その時だった。

突然、その景色の中から

「おぉい……おおぃ！」

と誰かが呼ぶ声が聞こえてきた。

姿は見えなかったが、彼にはその声がゆっくりと近づいてくるように感じられた。

その時点で彼はハッと我に返りその場で固まってしまった。

すぐに、早くここから逃げなければ！　と思い反転すると、全力で今来た道のりを入り口を目指して走り出した。

そのまま走り続けられるはずがないことは彼自身分かっていたが、とにかく少しでも早くその景色から離れたかった。

「おぉい……おおぃ！」

その間も声は背後から迫ってくる。あの声に追いつかれたらもう助からない……。

そんな確信があった。

ただ、全力で走る自分の体力がいつまで耐えられるのかは不安だった。

しかし、なぜかその時はずっとトンネルの中を全力で走り続けることができた。

体力に自信などなかった彼にとって、それこそが不思議な現象だった。

そして、ようやくトンネルの入り口が見えてきた頃、彼は背後から物凄い勢いで迫ってくる不思議な音を聞いた。

ガタンゴトン……ガタンゴトン……。

それは彼には背後から走ってくる電車の音に聞こえた。
どうしてこのトンネルを電車が走ってるんだ？
廃止されたトンネルじゃないのか？
そう思ったが確かに背後からの音は電車のものとしか思えない。
彼は思わずその場で立ち止まり背後を振り返った。
刹那、息が止まりそうになる。
彼のすぐ背後からとても古い型の汽車が彼に向かって突っ込んでくるのが見えたのだ。
正に一瞬の出来事だった。
汽車が大きな汽笛を鳴らしたのとほぼ同時に、彼の体に電車がぶつかった。
死んだと思った。
しかし、次の瞬間、電車は彼の体を通り抜けるように走り抜けていった。
そして、彼が先ほど入ってきたトンネルの入り口から外へと消えていった。
電車は、漆黒の闇の中へ消えていったのである……。

えッ？

彼は思わず固まった。

彼がこのトンネルに入ってから絶対に二時間は経過していない自信があったが、今確かに彼の目の前であの電車は夜の闇の中へ消えていった。

いや、もっと言えば彼はつい今しがたまでトンネルの入り口から差し込む外の光を頼りにトンネルの中を歩いてきた。

それなのにトンネルの外に出た彼は、外がもう夜の闇に包まれているという事実を知った。

彼はもうこんな場所にはいられない、と思い逃げるようにしてその場所から引き返してきたそうだ。

最後に彼はこう話してくれた。

「もしかしたらあのトンネルの向こう側に広がっていた景色が、〈あの世〉という場所なのかもしれません」
そして今でも休むことなくあの電車は走り続けている。
今は死んだ人を乗せて運ぶ汽車として――と。

そのレンガ造りのトンネルは現在でも岐阜県の県道沿いにぽっかりと大きな穴を開けたまま実在している。

犀川河畔

その日、日原さんは日課にしているジョギングに出かけた。

それまでは運動が嫌いで、ジョギングが日課になる日が来るとは思ってもみなかった。

ところが、健康診断で医師から運動不足を指摘され、何となく始めてみたところこれが当たり。辛かったのは最初の一週間ほどで、それが過ぎると走ることが気持ちよくなってさて、体もどんどん引き締まってきた。

体も軽くなり、本当に良いことずくめだったから、その頃にはもう毎日走らないと落ち着かない程になっていたそうだ。

彼がジョギングコースにしているのは、自宅から近い犀川の河原だった。

その河原を毎朝早起きして走る。

日差しもまだ強くない朝の爽やかな空気の中を、川の流れる音を聞きながら自分のペースでゆったりと走る。

川のすぐ横を走ることがこれほど気持ちが良いとは思ってもみなかった。

最初は一人黙々と走っていたが、そのうち他のジョギング愛好家とすれ違ったり追い越したりするたびに声を掛け合うようになり、そういった交流も彼にとっては励みになっていた。

本当に、彼の中ではジョギングで新たな世界が開けたような気分だった。

一度ジョギングをしないまま一日を過ごしてしまったことがあったが、その時には体が重く感じられ、仕事にもやる気が出ず、夜もなかなか寝付けずと最悪であった。

それ以来、朝のジョギングで汗を流し、軽くシャワーを浴びてから出社するのを朝のルーティンにしていた。

しかし、ままならない日というものはある。

出張で朝早くから出かけねばならないことが決まっていた彼は、仕方なく夜のジョギングに出かけることにした。

残業で遅くなり、家に着いた時には既に午後十一時を回っていた。

奥さんはもう遅いからと止めたらしいが、彼はその言葉には耳を傾けず、そそくさとスポーツウエアに着替えると、愛用のジョギングシューズを履いて家を出た。

家の前から走り始めた彼がいつもの河原に着いたのは、既に午前零時を回っていた。

いつもの朝のジョギングとは違い、河原には誰の姿も見えなかった。

彼はさっさといつものコースを走り切ってしまおうと、休むことなく走り続けた。

それから五分間ほど河原を走っただろうか。

彼は早くも後悔し始めていた。

朝とは打って変わり、深夜の河原は明かり一つなく、心地良いどころか恐怖しか感じない。

当然、他に走っている者はおらず、空気も重く冷たいものに感じられた。

(やっぱり深夜にジョギングなんかするもんじゃなかったな……)

気分が萎えてしまった彼は、走るのを止めてその場に立ち止まった。

そうして暫く呼吸を整えた後、方向転換し、今走ってきた道を逆戻りするように歩きだした。

なぜ、走らなかったのか――。

それは、走りだすと何かが背後から追ってくるような気持ち悪さを感じていたからだという。

彼は真っ暗な河原を黙々と歩いた。

余計なことは何も考えないようにしながら、ただただ歩く。

漆黒の闇の中で、横を流れる犀川の流れだけが聞こえていた。

すると、前方から鼻歌のようなものが聞こえてきた。

何かの子守歌にも聞こえる鼻歌のメロディ……。

彼は思わず立ち止まって暗闇に目を凝らした。

音が聞こえてくる、川のほうを辿る。

いる。見える。

じっと目を凝らすと、何かが川の真ん中辺りにしゃがんでいるのが、ぼんやりと分かった。

増水した状態ではなかったが、川の流れはそれなりに強く感じられたので、どうしてそんな場所に人がいるのかと、不思議に思ったという。

どうやらその人影から、子守歌のような鼻歌は発せられているらしい。

もしかしたら川の中に入って夜釣りをしているのかもしれないと思ったが、明らかに女性の声だったので、それも変な気がした。

不思議に思いつつ、彼はその場に座り込んでぼんやりと川のほうを眺めた。

なぜそんな行動に出てしまったのかというと、川の流れる音と聞こえてくる鼻歌がとても心地良く感じられたからだという。

初めは少し遠くで聞いていたが、一旦立ち上がり、歌声に吸い寄せられるかのように暗い川辺へと近づいていった。

そこでまた川辺に腰を下ろし、川の中にしゃがみこんでいる女を眺めてしまう。

最初にその女を見た時、着ぐるみでも着ているのではないかと彼は思った。

女は座っているにも拘らずとても巨大で、もし立ち上がれば優に二メートル以上の背丈があるように思われた。

しかし、ガリガリに痩せ細った容姿から着ぐるみの可能性はすぐに消滅し、彼の脳内には恐怖心だけが残された。

それと同時に、ぎこちない機械仕掛けのような女の動きに、命の危険さえ感じてきた。

(まずい。すぐにこの場から逃げなければ……)

冷静な頭はそう思うのだが、なぜか頭の中心がぼんやりしてしまい、彼は恐怖に怯えながらも操られるようにふらふらとその女のほうへと近づいていった。

彼は女の歌う子守歌に誘われるまま、女のすぐ横までやってくると、女と同じようにしゃがみこんで、暗い川面を見つめだした。

なぜ自分がそんな行動を取ったのか、今でも理解できないと彼は言う。

つい今しがた、「逃げなければ……」と思ったのに、自らその女のすぐ傍まで近づいていって隣に腰を下ろすなど、あり得ない行動だった。

そして、時既に遅し。彼の体は金縛りに遭ったかのようにピクリとも動かせなくなっていた。

心臓が激しく、早鐘のように鳴り響いていた。

自分は得体の知れない何かのすぐ横に座っている。

それも身動き一つできない状態で……。

それは恐怖と絶望しか感じられない世界だった。

突然、女の歌う子守歌が途絶え、辺りを静寂が包みこんだ。

同時にフッと彼の体の呪縛が解かれ、手足が自由になった。

しかし、彼はその場から動けずにいた。

恐怖に圧し潰され、腰が抜けてしまったいたのだ。


バキッ……グチャッ……ボチャンッ……。


刹那、彼のすぐ横から不気味な異音が聞こえてきた。

これまで聞いたことがないような音。

その出処がその女であることはすぐに理解できた。

しかし、それ以上は何も分からない。

(見るなッ……見てはいけない……)

そう必死に自分に言い聞かせながら、彼はまたしても抗えない力に押されるようにして、すぐ横の女を見てしまう。

女は、何かをちぎって、川に捨てていた。

ちぎっては投げ、ちぎっては投げ……。

それは生まれたばかりの赤ん坊にしか見えなかった。

よくよく見れば、女の横には何体もの赤ん坊の骸《むくろ》が積み上げられていた。

女はそれを一つずつ掴んでは、赤ん坊の手足、そして首と、骨ごと捻りながら引きちぎり、川の中へと投げ入れていく。

最後には小さな胴体を捻って二つにちぎると、川に投げ入れた。

一体終わるとまた次と、女の作業は黙々と続いていく。

（こいつ……何をしているんだ？　まさか、自分で産んだ子供を捨てているのか……？）

彼は絶叫することすらできずその場で固まっていた。

これは現実なのか？　幻覚なのか？

後者であることを祈りながら必死で考えていたが、思考はそこから先に進まない。

ふいに厭な予感が脳裏に浮かんだ。

（全ての赤ん坊を片付け終わった時、次は自分の番なのではないのか……？）

彼はここに至って初めて本気で命の危険を感じた。

早くこの場から逃げなければ、自分も赤ん坊と同じように体を引きちぎられ、川へ捨てられる……。

そう思うと不思議と体は動いてくれた。

彼はじりじりと音を立てないように後ずさりしながらその女から離れていった。

すぐに気付かれると思ったが、女は作業に没頭しており、彼には目もくれなかった。

ようやく女との距離が三メートルほどに開いたところで、彼はその場から一気に走り出そうとした。

しかし、その瞬間、女がこちらを向いた。

体は川のほうを向いたまま、顔だけがガクンと後方へ百八十度倒れ、上下逆さまになった顔が彼へと向けられていた。

彼にはその顔が泣いているように見えたという。


彼はその場で絶叫し走りだすと、そのまま一度も止まらずに自宅へと帰り着いた。

家族に今しがた見たことを懸命に説明したが、誰も信じてくれなかったという。

数日後、彼は会社の同僚に頼み込んで、女を見た場所まで同行してもらった。

しかし、あの夜見た女の姿があるはずもなく、また川の中に赤ん坊の体が沈んでいることもなかったそうだ。

しかし彼はあの夜、自分が見たことが夢だとは思っていない。

あれが夢であればどんなに良かったかと思うけれど。


彼は最近、あることに恐怖しているという。

それは深夜にふと目が覚めると、隣のベッドで寝ている妻の顔が、あの時の女と同じように背中側に百八十度折れ曲がって彼を見ているのだという。

そんな日は、そのまま朝までベッドの中で震えているしかない。

朝になって奥さんにそのことを話すと、

「あら、私は覚えてないけど……」

と言って、以前とは全く違う厭な笑みを見せるのだそうだ。

鬼ごっこ

三宅さんがその男の子と遊んだのは小学四年生の時だったそうだ。

夏休みにはいつも母方の田舎に帰省し、暫くそこで暮らしていた彼は、従兄弟だけでなく、その土地の小学校に通う何人かとも友達になっていた。

だから毎年夏休みになり、母方の実家に帰省するといつもその子たちと遊んでいた。

従兄弟は既に中学生になっていたこともあり、彼としては従兄弟と遊ぶよりも一年ぶりに会える同い年の友達と遊ぶほうが楽しかった。

いつも遊びに付き合ってくれたのは四人の男の子だった。

遊びといってもゲームセンターや遊戯施設などあるはずもなく、釣りをしたり、海水浴をしたり、カブトムシを捕りに行ったたと自然の中での遊びが殆どだった。

あとはたまに、神社の境内でかくれんぼや鬼ごっこ、缶蹴りなどをして遊ぶこともあった。

しかし、神社でかくれんぼをしていた時、その中の一人の子供が頭に怪我をしてしまい、親たちから神社で遊ぶ自こと体を禁止されてしまった。

それでも彼らにとって、神社でかくれんぼや鬼ごっこをして遊ぶことは本当に楽しい時間だった。


ある日、彼らの中の一人がこんな提案をしてきた。

いつも遊んでいた神社は親に見つかってしまうからもう使えない。

それなら別の神社で遊ぼう。

あそこなら絶対親には見つからないし、誰も来ないから好きなことができるぞ！

というものだった。

彼はその神社の存在を全く知らなかったが、他の三人はどうやら知っているようだった。

ただそのうちの一人が、その神社に近づくのをとても嫌がり反対していたのを見て、彼なりに察するところはあった。

もしかしたら、何か曰くのある神社なのではないか……と。

ただそれは怖いという感情ではなく、むしろ怖いもの見たさに近い感情だった。

そうなると好奇心がむくむくと湧き上がってきて、彼は他の二人と一緒になって嫌がる友達を説得した。


結局、三人に押し切られる形でその子も折れ、彼らは山の中腹にある神社を新たな遊び場に決めた。

やはり神社の境内でのかくれんぼや鬼ごっこにはそれだけの魅力があった。

しかも、誰にも見られることも怒られることもないとしたら、それこそ最高の遊び場に思えた。

子供にはかなりキツイ山道を登っていくと、やがて古びた神社が現れた。

神社には鳥居と社しかなく、管理している人もいないのがすぐに分かるほど雑草が生い茂り、建物自体も朽ちかけていた。

当然誰もお参りに来ている様子はなく、聞こえてくるのは鳥の囀《さえず》りばかり。

何かその空間だけが異世界のようにも感じられた。

シーンと静まり返った神社は、彼にとって少し怖い感じがした。

「よし、かくれんぼしようぜ！」

友人の声にハッと現実に引き戻される。

ジャンケンをして鬼を決める。

そのうち最初に感じた怖さは次第に薄れていき、広い境内を大声を出して走り回り、かなり盛り上がって楽しむことができた。

暫くかくれんぼで遊んだ後、次は鬼ごっこをしようということになった。

その時だった。

「一緒に遊んでもいい？」

突然、男の子が現れた。

どこからともなく境内に現れたその男の子は、彼らに向かってそう聞いてきたという。

皆の表情を見て、彼だけでなく地元に住む三人もその男の子に見覚えがないのだとすぐに分かった。

かなり身長が低く、それでいてとても大人びた端正な顔立ちの男の子だった。

制服らしきものを着てはいたが、それ自体もその地域の制服とは明らかに違っており、妙に古めかしく見えた。

しかし、鬼ごっこをするのなら人数は多いほうが楽しいのは間違いない。

そこで彼らはその男の子も入れて、一緒に鬼ごっこを始めたのだという。

最初の鬼役は彼だった。

しかし、他の友達は何度も捕まえて鬼を交替するのだが、その男の子だけはとても足が速くてすばしっこく、結局、最後まで誰もその男の子を捕まえることができなかった。

気付けば夏の長い日も暮れかけ、ほんのりと薄暗くなっている。

神社で遊び始めてからかなりの時間が経過していた。

「もうそろそろ帰ろうか！」

誰かがそう叫んだ時、その男の子が口を開いた。

「……それじゃ、最後は僕に鬼をやらせてよ」

「え？」

こいつ、もう俺たちが帰るって言ってるのに何を言ってるんだ？

正直、彼はそう思った。

しかし、その男の子の顔を見た瞬間、何も言えず頷くしかなかったという。

男の子はそう言った瞬間、得も言われぬ気持ちの悪い笑みを浮かべていたのだ。

ようやく鬼になれるのが嬉しくて仕方がない……という風に。

その場にいた誰もがその笑みを見て固まってしまっていた。

「お、俺、帰るっ」

次の瞬間、一人が駆け出したのを見てその場にいた全員が神社の外へと飛び出した。

そして、一度も止まることなく、まるで何かに追われているかのようにずっと走り続けて山の麓まで下りてきた。

後ろを振り返った者はいなかったが、誰もが鬼役になったその男の子が追いかけてきていると思い、必死で走っていた。

しかし、結局その男の子が追いかけてくることはなく、麓に下りてくるとその姿はどこにも見えなかった。

これから暗くなるというのに、あいつは一人であの神社に残っているのか？

それにあんな奴、学校でも近所でも一度も見たことがないぞ、と地元の三人組も気味悪そうに話していた。

そんなことがあって、それきり彼らはあの神社に遊びに行くことを止めた。

貴重な遊び場を失うのは残念ではあったが、行けばまたあの男の子が気味の悪い笑みを浮かべて現れるような気がしていやだった。

それからも毎年、夏休みにはその土地で数日間を過ごし、その時の友達とも遊び続けたが、誰もあの神社のことを口にする者はいなかった。

そのうちに、彼自身も中学生になり、部活だ受験だと忙しくなったせいもあり、母方の田舎に帰省すること自体なくなっていった。


更に時が経ち——。

ある時、何かの話をしている際に、母親から気味の悪い話を聞かされた。

あの山の神社には、昔から鬼の神が祀られていて、大昔から何人もの子供が行方不明になっているという、土地の話だった。

既に大人になっていた彼はそれを一つの言い伝えとして聞いたらしいのだが、内心ではずっとあの時あの神社で遊んだ男の子のことが気になっていた。

そのせいだろうか、彼はその話を聞いてからというもの、悪夢に悩まされるようになる。

夢の中で、あの男の子が現れて山の神社で鬼ごっこが始まるのだ。

あの最後の言葉通り、鬼役は男の子が担当しており、素早い動きで仲間の誰かを捕まえてしまう。

そして、誰かを捕まえた途端、男の子の姿はみるみるうちに大きくなり、童話に出てくる鬼のような姿になって、捕らえたばかりの友達を貪り食うのだという。

その時点で彼は悪夢から目覚めるらしいのだが、いつも全身に酷い汗をかき、耳鳴りの中で目覚めることになるそうだ。

あくまで夢であり、その夢に出てくる友人たちも当時のまま年を取ってはいなかった。

だから、こんなものはあくまで夢でしかないと自分に言い聞かせていたらしいのだが、ある時、母親からこんな電話があった。

「あんた覚えてる？　小学生の頃、あんたと遊んでいた友達が亡くなったそうだよ」

最初は単なる偶然と思った。

だが、それからも一年に一度くらいの間隔で、彼はあの夢を見続けた。

その夢では前回の夢の中でその男の子に捕まった友達が鬼の姿に変貌しており、その姿で他の友達を追いかけまわしていた。

そしてまた誰かがその男の子に捕まり、貪り食われたところで悪夢から覚める。

結局、最初の夢から悪夢は三回続き、夢の中では最後の友達が捕まってしまい、その男の子に貪り食われた。

もう、それまでに捕まった友達は全員、鬼の姿になっていた。

夢から目覚めた彼は、ついに残されているのは自分だけだという事実に恐怖した。

折しも、そのタイミングで彼を絶望の淵に叩き落とすような電話が掛かってきた。

実家の母親からだ。

「あんたが昔、田舎で遊んでいた友達だけど、結局全員が死んじゃったみたいなのよ。まだ若いのに気持ち悪いわよね……。あんたも病気や事故には気を付けなさいよ？」

そんな電話だった。


現時点で、彼はまだ生きている。

しかし、毎日を恐怖に苛まれて生きている。

彼は最後にこう言っていた。

「僕も近いうちに死ぬのかもしれません。またあの悪夢を見て、今度は僕自身が鬼に捕まった時に……」

やっぱり、あの男の子と鬼役を交替するべきじゃなかったんです。
あの時に見た男の子の気持ちの悪い笑み……。
今ならその意味が分かるんです。
これで子供を四人食える約束を取り付けたぞ――ってね。
そんな笑みだったんだと思います。
きっとあの男の子は本物の鬼だったんでしょうね。
だからもう、仕方ないんです。
「鬼の餌は人間と昔から決まってますから……」と。

あとがき

二〇一七年に初著書となる『闇塗怪談』を刊行してから今回の『闇塗怪談 瞑レナイ恐怖』で九冊目の単著になってしまった。

会社のブログがヤフーニュースに取り上げられた話題性から出版のお声掛けを頂いた訳だが、当初は最初で最後の出版だと覚悟し、ひと時であれ夢が叶ったことに酔いしれていた。

それが気が付けば、本当に短い期間の間に何冊もの続編を刊行し、今回九冊目の「闇塗怪談シリーズ」を発売する運びになったことには自分自身が本当に驚いている。

これもひとえにお読みいただいているたくさんの読者の皆様、そしてプロ意識の欠如した私を常に尊重し、肯定した上で最大限のバックアップで支え続けてくださった編集御担当者のO女史のおかげだと、感謝してもしきれないというのが今の正直な気持ちである。

私は文体で影響を受けたくないという理由と自分の文章の稚拙さに打ちのめされたくないという理由から、できるだけ他の作家先生の本は読まないようにしている。

しかし、ある時懇意にしていただいている大先輩の作家先生から、こんなアドバイスを頂戴した。

「怪談を書く上で、これがベストという書き方はないよ。飾りつけた文章も、素っ気ない文章も、素人然とした文章も、どれが正解でどれが優れているというものはない。要はより多くの読者の方に受け入れてもらえたならそれがベストなんだから。だからそのままの文体から変える必要はないよ。それがあなたの文体であり、読者が求めているものなんだから」と。

その言葉を聞いた時、背中に重く圧し掛かっていた何かがフッと軽くなった気がした。素っ気なく素人然としたブログ的な文体が私のスタイルなのだ。

だから、私はこれからもあくまでブログの延長線上にある文体を追求していこうと思う。

そして、今回の『瞑レナイ恐怖』にもブログの読者さんや知人から聞いた身の毛もよだつ珠玉の怪異譚を目一杯詰め込んだ。

この本を読むことで一時でも読まれる方の意識を異世界に飛ばすことができれば嬉しい

限りだ。

そして、ここで告知したいと思うのだが、ずっと書き続けてきた「闇塗怪談」シリーズも次巻の第十巻で一旦終止符を打ちたいと思っている。

自分にとって「闇塗怪談」シリーズは間違いなく、掛け替えのない大切な宝物である。

だが、それでも自分自身のリセットの意味でも一度終止符を打つことを決心した。

その意味でも最後の「闇塗怪談」は特別な作品にしたいとずっと考えていた。

だから最後の「闇塗怪談」では自分自身や家族、親戚、身近な場所で発生した怪異だけで構成したいと思っている。

二巻目以降、敢えて書かなかったすこぶる付きの危険な怪異を全て放出する。

その恐怖に読者が耐えられるかを見届けるのも作者冥利に尽きるのだから。

二〇二二年六月　　営業のK

『闇塗怪談 瞑レナイ恐怖』購入者特典

ここまでお読みくださりありがとうございます。

本書ご購入の皆様にあと３話、著者書き下ろしの文庫未収録怪談を朗読にてお届けいたします。

読み手は、YouTube 再生回数一億回突破の人気怪談朗読家 136（イサム）氏。営業のK × 136（イサム）最恐のコラボによる耳怖を限定公開番組でぜひお楽しみください。

購入者特典・限定公開番組はこちら

◆営業のKブログ「およそ石川県の怖くない話！」

http://isikawakenkaidan.blog.fc2.com/

◆ 136 の怪談朗読チャンネル「怖い話 怪談 朗読」

https://www.youtube.com/channel/
UCTFopUbU1l2NFKguwb7NU6w/featured

※ QR コードが読み込めない、動画が再生されない等不具合は、
info@takeshobo.co.jp へお問い合わせください。

闇塗怪談 瞑レナイ恐怖

2022年7月6日　初版第一刷発行

著者……………………………………………………………………………営業のK
カバーデザイン…………………………………………………橋元浩明（sowhat.Inc）

発行人…………………………………………………………………………後藤明信
発行所…………………………………………………………………株式会社　竹書房
〒102-0075　東京都千代田区三番町8-1　三番町東急ビル6F
email: info@takeshobo.co.jp
http://www.takeshobo.co.jp
印刷・製本………………………………………………………中央精版印刷株式会社